贵州省出版发展专项资金资助

贵州世居民族文化书系

宋健 主编

黔岭山哈嗣

QIANLING SHANHASI

何林超 著

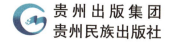

贵州出版集团
贵州民族出版社

图书在版编目（CIP）数据

黔岭山哈嗣：畲族 / 何林超著 . -- 贵阳 : 贵州民
族出版社， 2014.6（2020.7 重印）
（贵州世居民族文化书系 / 宋健主编）
ISBN 978-7-5412-2115-6

Ⅰ . ①黔⋯ Ⅱ . ①何⋯ Ⅲ . ①畲族－民族文化－贵州
省 Ⅳ . ① K288.3

中国版本图书馆 CIP 数据核字（2014）第 066228 号

贵州世居民族文化书系
黔岭山哈嗣·畲族
宋　健　主编　何林超　著

出版发行	贵州民族出版社
社址邮编	贵阳市观山湖区会展东路贵州出版集团大楼　　550081
印　刷	山东龙岳文化传媒有限公司
开　本	787mm×1092mm　　1/16
字　数	130 千字
印　张	8.25
版　次	2014 年 6 月第 1 版
印　次	2020 年 7 月第 2 次
书　号	ISBN 978-7-5412-2115-6
定　价	27.00 元

贵州畲族分布示意图

散居

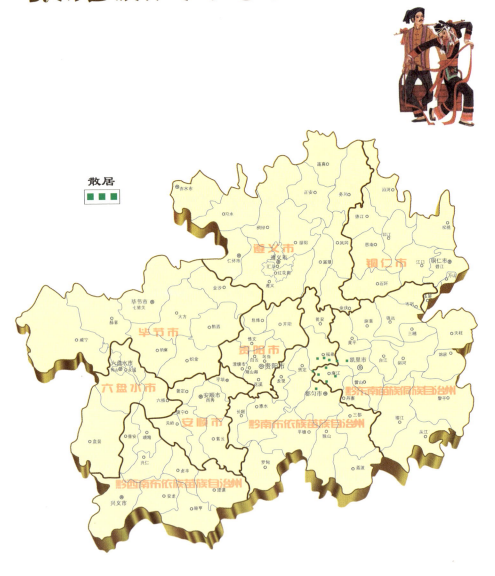

赤水市　　　　　　　海真
　　习水　　　　　　　正安　　务川　　　　沿河

　　　　桐梓　　　绥阳
　　　　　仁怀市　　　遵义市　　　　　　铜仁市
　　　　　　　　汇川　　湄潭　　　　　　　　松桃
　　　　　　　红花岗　　　　　　　　　　　　江口
会沙　　　　　　　遵义　　　　　　思南　　　　铜仁市
毕节市　　　　　　　　　　　　　　　　　石阡　　万山
七星关　　大方　　　　金沙　　开阳　　金沙　　镇远
　　　　　　　黔西　　　息烽　　　黄安　　麻阳　　三穗　　天柱
毕节市　　　　纳雍　　修文　　　　　　施秉
　　　　　　　织金　　清镇市　　贵定　　　凯里市　　台江
六盘水市　　　　　　云　白云　　　　　　　　朝河
　　　织金　　平坝　　观山湖　龙溪　　　　　　　黎平
　六枝　普定　安顺市　龙里　　都匀市　　　　　　黔东南苗族侗族自治州
六盘水市　　　　　西秀　　　长顺　惠水　　三都　　　　　　榕江
　　　　　　镇宁　　关岭　　　　　　　　平塘　　独山　　　从江
安顺市　　　　　　黔南布依族苗族自治州
　　　　贞丰　　　　　三都　　　平塘　　独山　　荔波
　　　　　　　　　紫云　　　　罗甸
黔西南布依族苗族自治州
兴仁
盘县　　　兴义市　　安龙　　册亨　　望谟

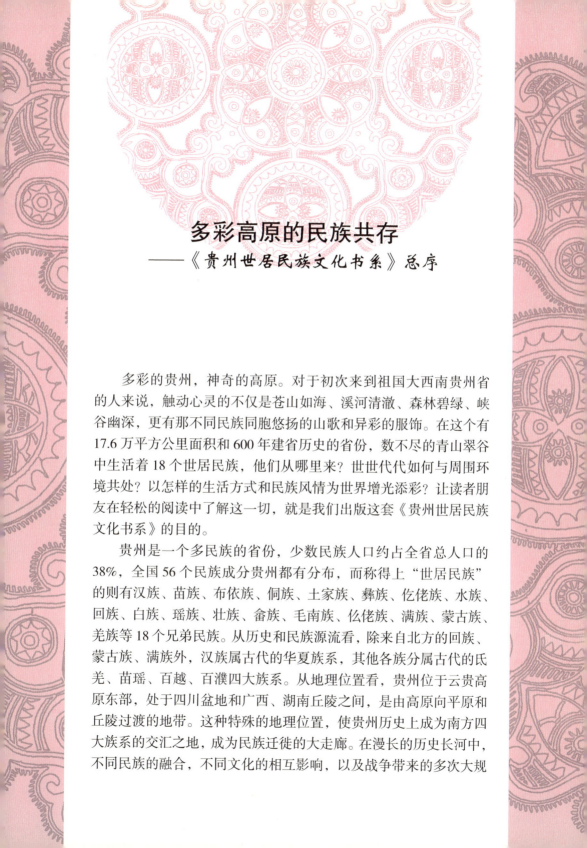

多彩高原的民族共存
——《贵州世居民族文化书系》总序

　　多彩的贵州，神奇的高原。对于初次来到祖国大西南贵州省的人来说，触动心灵的不仅是苍山如海、溪河清澈、森林碧绿、峡谷幽深，更有那不同民族同胞悠扬的山歌和异彩的服饰。在这个有17.6万平方公里面积和600年建省历史的省份，数不尽的青山翠谷中生活着18个世居民族，他们从哪里来？世世代代如何与周围环境共处？以怎样的生活方式和民族风情为世界增光添彩？让读者朋友在轻松的阅读中了解这一切，就是我们出版这套《贵州世居民族文化书系》的目的。

　　贵州是一个多民族的省份，少数民族人口约占全省总人口的38%，全国56个民族成分贵州都有分布，而称得上"世居民族"的则有汉族、苗族、布依族、侗族、土家族、彝族、仡佬族、水族、回族、白族、瑶族、壮族、畲族、毛南族、仫佬族、满族、蒙古族、羌族等18个兄弟民族。从历史和民族源流看，除来自北方的回族、蒙古族、满族外，汉族属古代的华夏族系，其他各族分属古代的氐羌、苗瑶、百越、百濮四大族系。从地理位置看，贵州位于云贵高原东部，处于四川盆地和广西、湖南丘陵之间，是由高原向平原和丘陵过渡的地带。这种特殊的地理位置，使贵州历史上成为南方四大族系的交汇之地，成为民族迁徙的大走廊。在漫长的历史长河中，不同民族的融合，不同文化的相互影响，以及战争带来的多次大规模移民的进入，形成今天贵州多民族共存共荣的社会。

民族文化，指各民族在历史发展中创造的带有民族特点的文化，包含物质和精神两个方面。存在决定意识，由于贵州地处生态环境较为脆弱的喀斯特地貌带，各族群众敬畏自然，珍惜上天赋予的生活资源，注重生产方式与自然生态的和谐平衡，有着享誉世界的农业文化遗产"稻鱼鸭系统"，与草木"认干亲"的林业等生产方式和生活形态，无不彰显人与自然的和谐共处。

贵州历史上"连峰际天兮飞鸟不通"（王阳明《瘗旅文》）的交通困局，形成了十里不同风，百里不同俗的"文化千岛"，民族风情古朴浓郁，多姿多彩，如苗族的姊妹节、芦笙舞，布依族的八音坐唱，侗族的行歌坐月、侗族大歌，彝族的火把节，土家族的摆手舞等。而 600 多年前明王朝对贵州的大规模开发，江南的百万汉族移民以屯军、屯民的方式来到贵州，形成数百年的屯堡文化，至今成为明代文化遗存的奇迹。可以说，正是青山绿水与多民族的和谐共存构成了今天多彩的贵州。

我们这套书以大专家写小丛书为特点，以轻松阅读获取知识为目标，以直观图像结合想象力发挥为手段，采取宏观叙述与田野案例穿插叙事的方法，力图写成民族历史文化的故事书，内容虽然通俗易懂，生动有趣，但都是以坚实的学术研究为基础的，能够让读者在愉快的阅读和浏览中获取正确的知识。

"黔山秀水，神秘夜郎；多彩民族，千岛文化。"这是书系力图展示的贵州形象。愿书系成为我们大家了解贵州、欣赏贵州、热爱贵州的一个窗口。

《贵州世居民族文化书系》编委会

目录
Contents

引言

去年年底，贵州民族大学杨鹓国教授打来电话，说贵州民族出版社拟策划出版一套贵州世居民族文化书系，问我是否有时间和兴趣承担畲族卷的写作工作。

"上头千条线，下面一根针。"笔者所在的基层文联看似务虚，实则务实，成天忙得团团转。但不管怎么说，出版社既然作此策划，鹓国教授这么相信我，麻江又是贵州畲族的主要聚居地，无论如何，我都要尽力一搏了。

然而答应容易做却难。别的不说，单只收集材料就不容易。一是贵州畲族向无文字，长期处于自然阻隔与自我锁闭状态，口传材料失传严重；二是随着时代的发展，外来文化的不断冲击，使畲族先祖流传下来的语言、抱团固守的心理等文化壁垒，都不同程度地被消解与削弱。在这种状况下，弃守的旧俗没有立马退出，而移入的新习也未完全生根，于是，畲族文化的传承与延续不可避免地带着邯郸学步的晃荡与异化的危机。为此，短时间内的田野作业，就既无法真正深入点，也很难顾及面。加之贵州畲族公之于众的资料本身就少，这就更增添了甄别与写作的难度。

然而也因此，笔者这才越发看清了及时挖掘与整理贵州畲族文化的重要性。于是在畲族作者赵华普先生的鼎力帮助下，我走村入寨，访古问新，收集了许多第一手资料，并据此梳理了《黔岭山哈嗣》的写作思路，拟定了全书的目录。在出版社编辑的帮助下，进一步明确了本书的内容架构。2013 年 3 月中旬至 5 月上旬，笔者白天工作，晚间操笔，集中一个半月时间进行写作，终于完稿。

在华夏的大地上，历史宛若长河。有多少民族在这条跌宕起伏的河流中激荡飞渡，有相遇，有失散，有的游上了浪尖展现着辉煌，有的跌落于波谷，淹没在波涛里而不知所踪。溯源而上，又有多少人能说清自己的部族来自哪里，源于何处？贵州畲族或许就恰好是畲族的祖先在这大浪淘沙的过程中，顺流而下，行经这片土地时，遗散在黔山秀水的几枚贝壳。贝壳虽小，却有它的光泽。我写下的这些文字，只是将这些贝壳本身的光泽放大，告诉人们，有一群畲族的后人在贵州的土地上生息繁衍。希望能通过这本书，让有心沿河回溯的人发现这些贝壳的美丽，找到畲族的先祖在这迅猛的河水里中流击水，回旋、停留过的痕迹。

如果将来还有这样的人的话。

黔畲
QIANSHE
何处来
HECHULAI

● "山哈"溯源 ●

　　说起畲族，大家的目光都会投向广东博罗、福建霞浦、浙江景宁，或者江西上饶，却很少有人知道贵州的畲族。而知道的人则认为，贵州的畲族尽管人数不多，却属于那种具特色、守朴诚，也可能是最贴近盘瓠本色的一个支系。就像本来不知道贵州，后来到了看了，就此爱上了贵州的人们一样。

　　畲族如何迁徙，又是几时进入贵州的？因本族无载，古人无考，于是今人也语焉不详。贵州畲族的口传史虽未说过自己来自广东、福建一带，但20世纪80年代贵州省进行过大规模民族识别考察，麻江县的考察队伍经湖南、过江西、到福建，通过相似性考察和共性甄别等方法比对后，确认贵州麻江、凯里、都匀、福泉等地诸多村寨的"东家"，无论语言与习俗，都与广东、福建

等地的畲族极为相似，应该属于畲族。1996 年，贵州省人民政府批复同意将这部分人认定为畲族。

那么，贵州畲族的祖先是谁？不是别人，正是史上赫赫有名，最早使用"斩首行动"结束战争的孤胆英雄——盘瓠。虽然干宝根据传说，在《搜神记》里交代了他"另类"的身份，但细心的读者会发现，这个"另类"的盘瓠，事实上却有着极为高贵的皇族血统。否则，帝喾（高辛帝）又怎会允许他与皇室联姻？由此，盘瓠的子孙身价也就水涨船高，与上古"三皇五帝"之一的帝喾有了联系。这正是广东凤凰山畲族的祖源传说中，帝喾不许盘瓠子孙与"外人"联姻的根源。

就算撇开这层因果不提，单说盘瓠的出生，就非常另类地兼具了卵育、胎生两种方式，外貌则兼具了虫、犬、龙、人的特点。在囊括了上古民族"拜物"与"拜神"两个阶段的同时，也象征了人的起源与演变全过程。这种"全景式"的祖源形象，放眼世界各民族，有谁能既融现实与神话于一身，又真实虚幻如盘瓠的么？事实上，盘瓠不仅是一个可以傲视历史的真英雄，还是一个重情重义的真男儿，更是一个重诺守信的伟丈夫。关于这一点，《搜神记》与《山海经》都说得很明白，本该高头大马、富贵尊荣、

贵州畲族概况

畲族，又称"山哈""山客""畲客"等，散居于闽、浙、赣、粤、皖、湘、黔等省的 100 多个县市。据 2010 年人口普查，全国畲族总人数为 708651 人，分布于祖国的东南及西南部。贵州畲族的聚居区域以黔东南苗族侗族自治州麻江县为中心，旁及凯里、都匀、福泉等地部分地区的狭小区域，人口 41524 人（1996 年统计数）。其中，麻江县的畲族人口为 32358 人，占该县总人口的 16.66%。

盘瓠

古神话中人名。据《后汉书·南蛮传》、东晋干宝《搜神记》等书记载，远古帝喾（高辛帝）时，有老妇得耳疾，挑之，得物大如茧。妇人盛于瓠中，覆之以盘，俄顷化为犬，其文五色，因名盘瓠，《玄中记》作"盘护"。后盘瓠助帝喾取犬戎吴将军头，帝喾以少女妻之。负而走入南山，生六男六女，自相配偶，其后子孙繁衍。

《搜神记》

一部记录古代民间传说中神奇怪异故事的小说集，作者是东晋史学家干宝。其中大部分故事，在一定程度上反映了古代人民的思想感情，是集我国古代神话传说之大成的著作。全书搜集了古代神异故事共四百多篇，开创了我国神话小说的先河。

《搜神记》中关于盘瓠的传说

有老妇人，居于王官，得耳疾历时。医为挑治，出顶虫如茧，妇人去后，置以瓠篸，覆之以盘。俄顷顶虫乃化为犬，其文五色，因名盘瓠，遂蓄之。

时戎吴强盛，数侵边境，遣将征讨，不能擒胜。乃募天下有能得戎吴将军首者，购金千斤，封邑万户，又赐以少女。

后盘瓠衔得一头，将造王阙，王诊视之，即是戎吴。为之奈何？群臣皆曰："盘瓠是畜，不可官秩，又不可妻之。虽有功，无施也。"少女闻之，启王曰："大王既以我许天下矣，盘瓠衔首而来，为国除害，此天命使然，岂狗之智力哉。王者重言，伯者重信，不可违约于天下，国之祸也。"王惧而从之，令少女从盘瓠。

盘瓠将女上南山，草木茂盛，无人行迹。于是女解去衣裳，为仆竖之结，著独力之衣，随盘瓠升山入谷，止于石室之中。王悲思之，遣往视觅，天辄风雨，岭震云晦，往者莫至。盖经三年，产六男六女。盘瓠死后，自相配偶，因为夫妇。

门第显赫的盘瓠，竟不爱江山爱美人，为了内心的一点纯美，成了历史上一个"落草"而"不寇"的贵族。

仅从《搜神记》的文字看，无论盘瓠或辛女，都可以称得上是人中的英杰，鸟兽中的龙凤。如果说盘瓠是一位具大勇，知取舍，淡名利，敢担当的伟丈夫的话，那么，辛女就是一个识大体，顾大局，重情义的奇女子。《搜神记》中有关盘瓠和辛女的文字虽然短，但储存的信息量却很大。归纳起来看，至少几处关键的内容不容忽视：一是王的无能，二是臣的无赖，三是盘瓠的勇武，四是辛女的守信与决断。一方面，无"弱"难以衬"勇"，无"赖"难以出"信"；另一方面，无"信"便难以见"执"。在国难当头而朝中无大将的时候，平日里似乎人才济济的庙堂，到此一筹莫展，原来是群银样"镴枪头"！值此关键，盘瓠越众而上，尽显了一身胆气；只身赴敌获胜，又傲视了无数的英雄！——然而群臣兑现奖惩时，遇敌萎靡的又活过来建言，危难不再的君主就开始犹豫，幸而有辛女，王才"惧而从"，这才有了后续，有了畲族。

盘瓠是智勇的，辛女无疑也是智勇的。盘瓠的智勇，在于他知道自己为谁而战。于是功成归来百事无求，只求携手辛女上南山，这也很好理解；辛女的智勇，在于她能知轻重，能为

知者争，愿为知者舍，无怨无悔，公主
变成村妇，甘愿活成山里的蝴蝶。之后
呢？之后是否亦如童话，王子和公主从
此过上了快乐幸福的生活？《山海经》
《搜神记》没有说，《后汉书》《风俗
演义》也没有说，但民间的家乘谱牒却
都说了。广东菰岭、高楼之蓝姓保存的，
绘于清同治九年（1870 年）的"祖图"
对盘瓠传奇的来龙去脉，就说得比较明
白。该图从伏羲画八卦始，到盘瓠摔死
建墓回灵终，共四十三图。由第二十六
回"假公主被龙麒识破"起波澜，上承《搜
神记》，下接民间传说，极似小说家笔法，
饶有趣味。此后的主要节点，大致有"盘
瓠奉召为驸马，洞房花烛"（三十回）、
"高辛帝赐封盘瓠为忠勇王，奉旨荣迁"
（四十回）、"忠勇王迁居会稽山驸马
府"（四十一回）等部分。略叙背景以
后，"祖图"交代了盘瓠、辛女三子一
女的姓氏来源，帝喾赐盘瓠子孙脱徭免
役的"特殊"政策后，笔触又回到正题，
交代盘瓠"上间山学法"（三十六回）、
"游猎山林"（三十七回）、追山羊"跌
岩而死"（三十八回）等。

　　无独有偶，今湖南沅水的乡间，也
有类似的说法。盘瓠携辛女回山，生下
六男六女后，盘瓠巡山打猎的任务更加
繁重了。他黑夜为人伴辛女，白昼变犬
猎野物，辛女非常心疼，却又别无他法。
一夜相处时，辛女抚其累累伤痕，既感
动又哀怜，痛哭中忍不住，把盘瓠的秘
密说了出来。不料却被儿子无意间得知，

● 畲族祖图

原来天天陪伴兄弟们打猎的狗，竟然是自己的父亲！他们非常震惊。因为担心被人耻笑，兄弟几个便合谋，在第二天打猎时，棒杀了毫无防备的盘瓠。晚间不见盘瓠归来，母亲追问几个儿子，儿子们这才交代了打死盘瓠的过程，并把责任推到了牛的身上。恼怒的辛女不及细察，就交代子孙，"此后历年祭祖，须杀牛来抵命"。据说，这就是畲族祭祖杀牛的缘由。沅水沿岸，至今还有"打狗冲""撂狗坨"等地名。

盘瓠是犬的说法，不仅正史通用，畲族民间传说及歌谣《狗皇歌》《鳞豹王歌》等也承认（见法国远东学院藏品"安南谅山禄平州瑶人"的评王券牒，贵州、广西瑶族所存的评王条例牒文）。这些歌传不是简单的重复，而是对正史简约叙述的"补记"。这些"补记"明快具体，丰富生动，有很强的可读性。如"有一天晚上，帝喾的皇后梦见'娄金狗'（二十八宿之一）被谪到下界托生，醒来耳疼，三年未愈。皇上万般无奈，诏请一民间神医诊视，从皇后的耳中取出'虫卵'一枚。这'虫卵'一出世，百鸟即来朝奉，凤凰且歌且舞。就在百鸟翩翩起舞的时候，虫卵自行绽裂了，从中蹦出一条三寸长的小金龙。小金龙遇风即长，倏忽之间长至数丈，入空旋绕，向百鸟致谢，转身落地成犬首人身的奇人。人们据此称之为'龙麒'"。《搜神记》中的"老妇人"，在

古画中的盘瓠与辛女

寺庙中的盘瓠与辛女

这里也变成了有名有姓的"刘皇后"。而虫卵出世后谁来管？《山海经》
虽没说，但民间说是由辛女来照顾的，这就又预伏了一段姻缘的由头。
二人婚前，民间的传说补记了"蒸狗"，让人犬婚配有了有个合理的前提。
至于盘瓠负女所上的"南山"是哪里？古代"武陵蛮"指认辛女岩，
广东畲族则指认凤凰山。这就见仁见智，难以说清楚了。

　　在这片争论之声中，只有贵州的畲族格外冷静。他们不置可否，
也一语不发。因为他们明白，就正史而言，盘瓠传奇到"南山"就终
止了；但对于畲族而言，"南山"却只是他们生命的缘起，一段族别
的源流史，由此才刚刚展开。

　　盘瓠的身世大致如上所述，但整体认同之外，也还有些别调。一
是强调"虫"就是龙，有雷楠（四川音乐学院教师）、陈焕钧（潮州
市音乐家协会秘书长）辑录《狗王歌》为证："笔头落纸字算真，且
说盘瓠的出身。当初娘娘耳朵起，先是变龙后变人。高辛娘娘耳里疼，
觅了无数好郎中。百般草药都医尽，后来变出一条虫，虫既变出用盘装，
皇帝日夜捡来养。二十四米给它食，后来变做是龙王。"二是出现了
与"正史"不符的另类描述，见畲族宗谱式家谱《重建盘瓠祠铁书》（下
称"铁书"）："……飞过海洋，七日七夜，随波逐流，直至燕王殿前。"
后来"因功与三公主成亲，婚后生育三男一女，隐居会稽山七贤洞"。

据"铁书"载，隋唐初年，朝廷还发给盘瓠子孙"抚瑶券牒"，并叮嘱他们要"随代流传，勿令遗失"。值得注意的是，"铁书"除列举盘、蓝、雷、钟四姓和二十六祖的名号与"官职"，详述盘瓠打猎身亡及祭奠的场景："殡时长腰木鼓，长笛短吹，男女连声歌唱，窈窕踢踏舞蹈……"外，还特地点明畲族的祖籍是"南京"及广东、江浙、福建等地，不过盘瓠的子业孙业："楚平王出敕，钟太后上一十八族，放行广东路途。只望青山而去，遇山开产为业。……各州，府县卫所，衙门巡司，水陆关津，屯堡官兵，里甲人等，验实放行，毋得阻挡。"畲民自此"永免杂役……刀耕火种，自供口腹。"结合畲歌《火烧天》、司徒博《景宁敕木山畲民调查记》及畲歌"都是南京一路人""祖先死在南京大路上"等，可知广东省凤凰山等地，也只是畲族南迁后的暂居地，而非发源地。

　　我们虽然找不到畲族历史上"少与外人交"的直接证据，但却明白了他们即使散落在各地，却一直风俗不改，祖训不变的根源。贵州畲族与沿海畲族远隔数千公里，一直无任何往来，但语言习俗却很接近，就是一个极好的佐证。麻江县1982~1995年间的"民族识别调查资料"

贵州畲乡

称："新中国成立前，东家（畲族）只有部分男人粗通汉语，精通者极少。"新中国成立后至改革开放前，聚居区也只在接待外族客人时，"才使用汉语"。并且当时，东家人一般都不与外族通婚，"特别是不与汉族通婚"。截至1982年的调查显示：当地二百余对已婚夫妇中，"与苗族通婚的六对，与仫佬族通婚的四对，与布依族通婚的二十一对，与汉族通婚的一对也无"。由此看来，在盘瓠南迁的漫长历史中，尽管人们好像已"忘记"了畲族，但畲族却没有"忘记"他们一直秉承的血统。即使已经说不出所以然了，也依然按照惯性，对族群施行闭锁，并且甘愿自我放逐与"被放逐"。

这个判断也并非空穴来风，贵州畲族古歌里是有线索的。在贵州畲族的口头传唱中，盘瓠的故事比重虽然不大，但结合其承担消灾祛病、亡灵导引重任的《撵鬼词》《开路经》与《嘎须词》，便知畲族传说中虚实并存，真假含混的情况的确存在。首先，《撵鬼词》主角蓝阿平、蓝阿月系真人神化，与盘瓠传说近似。其次，《开路经》《嘎须词》提到的迁移路线，又明显分为古今两段：《开路经》中的路线名称，现在都无人知晓了；而《嘎须词》中提到的地点，多数依然耳熟能详。即使模糊的部分，也能一一访查出来。这就说明：贵州畲族的迁徙，远远不止一次！因为，只有剧烈的变动，才可能导致失传；也只有反复的融合，记忆才会含混到找不着自己。否则，相同区域同一民族的同题传说，区别不该这么大。

正如世上"没有无缘无故的爱，也没有无缘无故的恨"那样，人世间也不可能有无法解释的过去与全无过往的现在。换言之，再高的山，也有顶；再深的水，也有底。那么，贵州畲族的"底"在哪儿？是如畲族民间口传的"江西"，还是调查队确认的广东、福建？有待于今后进一步的考察。

● 竹王城的传说 ●

畲族"望山钱"

竹王，出现在不少贵州世居民族的共同祖源神话中，畲族也不例外，并且他们一直有崇拜竹王的传统。浅近的证据，除福泉市凤山镇有"竹王城""竹王园"旧址等外，敬奉与爱护竹的习俗，一直贯穿于贵州畲族生老病死的全过程，也是竹王崇拜的佐证。

贵州畲族称皇帝为"王展"。"王展"是畲语，直译即"竹王"，意译就是皇帝。在他们的潜意识里，竹王就是皇帝，是人间最大最厉害的统领。他们至今依然保持着爱竹、敬竹与护竹的习俗。竹也是他们生活中依赖与祈望的对象，竹崇拜随处可见。

凡畲族聚居的村落，地势不论高低，住宅周围都种有竹子环护，隔寨相望，无处不竹树环合。每户人家的中堂一角，多有三五株小竹，他们称"供竹王"。小孩满月，庆典中亲朋们聚会游戏，最经典的，是暗寓生殖内容的"外婆竹马"；老人体弱多病，要伐竹一根，请竹王为他"扶禄马"；小孩若多灾易病，也要傍竹作法，叫"栽花树"。就是人老归山了，卦器是竹，丧棍用竹，高高挑起幡纸（"望山钱"）的，也是竹……

畲族关于竹的传说，是这样的：传说很久以前，皋阳桥畔，有一个孤独的妇人正在麻哈江边洗衣服，上游一个大竹筒顺水漂来，在她面前徘徊不去，妇人很自然地就顺手捞起，沿路带回。路上妇人听到竹筒里传来隐隐的哭声，她急忙操起柴刀，剖开竹筒——只见一个胖嘟嘟的男孩蹦了出来。妇人大喜过望，给男孩取名"竹儿"。妇人从此告别了孤单，母子俩相依为命。

　　竹儿既然天生异禀，当然也聪慧异常。但凡世间的一切，他一看便知，一学就会，对他而言，学习并不是什么难题。但唯有一件遗憾的事情，就是不会说话。一天外出放牛时，他见舅舅提了两条红鲤鱼来看母亲，眼睛霎时放出亮光，口齿也忽然清晰起来，说道："舅爷啊舅爷，回家后别杀这鱼，养在清水里，等我回来再打整。"舅爷听了也不在意，回家用清水将鱼养了，自去闲话。谁知竹儿见了这鱼，就像饿鬼见了饭食，再也没心思放牛了。潦潦草草几下就牵牛回家杀鱼，并乘人不备，从鱼腹中取出了两柄小剑，也就是俗称的"鱼肠剑"。据说这"鱼肠剑"是兵器中的神物，见风即啸，遇人嗜血，非等闲人之人可见，也非等闲之人可用，煞是厉害。竹儿将之收藏妥当，之后自去做事，不提。

　　竹儿的特异才能，得到了族众的一致信任，族中无论大小事，都由他来裁决，于是族人都称他为"竹王"。竹王将所辖之地划为九十九个区域，筑九十九城，分封首领，自成体系。其中，苗族人据三城，汉族人据十九城，除大本营而外，其余都由彝族兵管理。后来

竹王城东门

● · · · · · · · · · · · ·
竹王像

　　竹王率领族人同官家争战，他取出"鱼肠剑"迎风一挥，官兵便倒下一片，再一挥，连山也被削掉了山头。官家不能抵敌，暂时引兵撤退，然后使了个"软索套猛虎，灯草捆将军"的谋略，派绝色美女假扮难民，让她恰好"昏倒"在竹王母亲的面前。这美女"获救"以后，百般勤快，千般孝顺，博得了竹王母亲的喜欢，后来慢慢登堂入室，做了竹王夫人，并很快育有一子。

　　和平时期得子，竹王喜欢无尽。他每次外出归来的第一件事，就是抱着儿子玩耍。忽一日，这小子见了"鱼肠剑"，比他爹更欢喜。以后凡遇这小子哭闹，只要让他见到"鱼肠剑"就安静下来了。然而"鱼肠剑"是竹王的宝贝，就连他母亲平日也不知道放在哪里的，当然卧底的女人更是找不着。某日竹王有急事外出，孩子又大哭大闹，怎么也诓哄不住，女人只好抱着他到处乱转，到堂屋时，孩子手指头上，眼看屋顶，口里只是"要、要"。女人觉得很奇怪，架了梯子上楼，竟在茅草屋顶找到了"鱼肠剑"。于是她顾不得孩子，急忙将剑用血污了，压入甑底用猛火蒸煮，然后又洗净擦整，原样藏回。自己则照常穿针引线，把情报藏在鞋底的夹层中，央求走村串寨的"货郎"，"好歹要转送给自己的母亲"。官家得到情报，知"鱼肠剑"已不可用，便起强兵攻来。竹王见势危急，急忙回家取剑。可是朝天一挥，白云不散，迎敌一晃，敌骑不乱，竹王知道肯定有人在剑上做了手脚。于是且战且退，退到了竹王城后的群山之上，最后身夹两个簸箕滑翔突围，坠死在山崖下……

从贵州畲族信奉竹王，深信竹王"非气血所生"的情况来看，据某些学者的研究，其间的一些细节，一直不乏暗指与隐喻。一方面，竹王、竹传说的起源均为"有女浣于遁水"，伐竹、弃竹、拾竹的都是女子，并无男子出现，可知此时应属母系氏族社会，时间大约在7000年前。正如钟敬文先生在《中国的植物起源传说》一文中所说："某植物为某人或某物所变成的，当属物质起源神话中较为低级的一种形态；而说某物质或某物是由某大神用命令造成的，则当属于较高级别的神话阶段的产物了。"流传于贵州不同世居民族祖源神话里的竹王，无论是"竹里孕育"，还是"水中感生"，都属于原始感生形态，由此可以推测贵州相关世居民族起源的时间。另一方面，当竹成为竹王"生命之舟"的时候，孕人的大竹，又象征与隐喻了男性及男性的作用，这就又暗示了这些民族经由母系氏族，过渡到了父系社会时代。认同这个推断，那么竹王的故事，距今至少也有5000年之久了。

为支持这一观点，我们得重回汉语系统寻找依据。阿孟东家人（贵州畲族）后裔，原四川省作协副主席吴琪拉达先生在其《谈阿孟东家人的族源、族称及其悠久的历史》中称："（黔南福泉）东家人与黔东南凯里、黄平等地僙家人的语言基本相通"，双方见面时"互称自家人"。在论及"东家"（黔东南、黔南的畲族旧称）与周边民族的关系时，他说：阿孟东家人称僙家人为"嘎梦多"（意即"住在下方的东家人"）；僙家人称东家人为"嘎斗啾"（意为"红色的仡兜东家人"）；称木佬人为"嘎斗嗖"（意为白色的仡兜东家人）。吴琪拉达由此断言：从东家、仡佬、僙家、木佬之间的"互称关系来看"，这些民族不仅相互认同，而且应该算是"同宗同源"。

吴琪拉达的观点确否，有待专家考证。但同一竹王母题，分为不同的版本故事，遍布于川黔滇桂，却是事实。这就又为这一推断提供了相似的背景与可能。并且，林林总总的正史记载中，也不时透出同一世居民族，也存在着同族异称的实例。黔北洪渡河流域的仡佬族，如今普遍被认为是"濮人"后裔。而濮本身又称"卜"与"百濮"，是我国古代一个支系繁杂，人口众多，居住地域辽阔的庞大族群体系。从参与"牧野誓师"讨伐商纣起，到清代"改土归流"止，这片地域虽然没有变，但流动着的族群人居却一直在变，到东汉时期，濮人的称呼中出现了"僚"等字样，在晋·常璩《华阳国志·南中志》中，被称为"夷濮"，又杂入了"夷"。无论范晔的《后汉书》，郦道元的《水经注》，或郭义恭的《广志》，都承认"僚自牂柯北入，所在诸郡，布满山谷"。直至还"在牂柯、郁林、交趾、苍梧"间。既然"百濮"的居地远及交趾（今越南），贵州全境就成了濮的腹地，那么谁又能证明现在的畲族等，不是当年"百濮"中的一支？

时代在变，同一地区不同时期的居民在变，于是同一民族存在不同的族称，也就有了可能。尤其值得注意的是，北宋陈彭年、丘雍的《广韵》就指出："僚"作部落称时，音应读作"佬"；陆游在其《老学庵笔记》中，干脆就直称为"仡僚"。明代以后，称谓进一步明确，田汝成在《炎徼纪闻》中就说："仡佬，一曰僚。"而至明弘治《贵州图经新志》，就据此做了很有把握的定论："仡佬，古称僚。"既如此那么吴琪拉达先生指称黔地 僳家、东家、木佬等互称"仡兜"，而当地民族也认为都是"自己人"，也就有了依据。

这时候，假如重回畲族故地福泉市"哈鸡岱"（今凤山镇）、"边闷昂界"（棉花土）之间的竹王城、竹王园，结合竹王"建九十九城"，回想其中多少城由苗族人管，多少城由彝族兵管时，我们可否大胆推断：那时竹王的城堡，也是濮人的故乡？

● 穿在身上的祖源印记 ●

　　贵州畲族的祖源神话《人与雷斗》说，当始祖神报浴然浴将人、雷、龙、虎、蛇、蛙养大后，便把人间交给他们经营管理，自己则悄然离去。这几兄弟为名为利起了内讧。角逐到最后，龙、虎、蛇、蛙都藏起来认输了，只有人不屈服，还在地面上东躲西藏，想方设法与天上的雷二弟争斗。

　　雷先是敲天鼓震天雷，见吓不住人，又从天上往下泼水，还是淹不死人，于是便拨开云雾让太阳猛晒，把地上晒得田干土裂，四野焦黄，然后猛地一记焦雷打到地上，把地上打得火光弥漫，烈焰翻腾。雷仍不满足，一边轰隆隆地打雷，一边呼呼地吹风，一边哗哗地浇油，但见油助火性，风助火势，瞬时间，世间已野火烧天，四面赤红，无论阆苑仙阁，还是神山海岛，全都陷入了火焰地狱之中。

　　人之前为了躲避水灾，把家建到了山上。此时事起突然，天地烟焰，无处藏身，又忙与雷斗，已经分不开身去救火中的一双儿女了。眼见四面山火呼呼逼近，村寨鸡飞狗跳，人只能眼睁睁地看着……人正绝望之时，头顶忽然传来了一声清脆的凤鸣，但见原本被火烧得赤红的天空中，一只美丽的凤凰悄然现身，羽翅一展扑入火海，再出现在火焰上面时，两边的羽翅上，一边一个，坐着两个小孩……过了很久之后，人和雷没有分出胜负，他们便握手言和：约定雷住天空，人居大地，彼此各守本分，互不干扰。不料归家途中，人还是中了雷的诡计，被雷打下山坡，死了。人的两个孩子慢慢长大后，"滚磨成婚"，让人类再度繁衍起来。滚磨成婚后，两人感念凤凰的大恩大德，仿照凤凰的羽毛花色，做成了畲族的服饰。天天穿，时时看，要畲族后代永远感念凤凰的救命之恩，于是就有了今天畲族的凤凰装。

　　贵州畲族"凤凰装"以青黑为底调，色调柔和，不像广东、福建那边张扬鲜丽，而是根据年龄，选择不同的颜色，配以不同的饰物。当然，贵州畲族的凤凰装也分老、大、小三款，由老年人、成年人或青年，以及未成年的女性穿戴。即使这样，样式的区别也很明显，衣服上身，区别一目了然。一般情况下，少女的"小凤凰装"以红色为主，襟领袖口简略滚绣，格局简单，花色亮艳，显得活泼可爱；"大凤凰装"，圈链牌镯，端淑秀丽。襟领袖口与裤脚，青蓝底料上花带滚边勒口，成年女性端坐冉冉，行路摇摇，宛若凤凰羽翼，越发衬出了她们的丽质气度。当地人说：那挂配在头手胸腹间的圈、牌、链、绦银饰，经日光一照，缕缕毫光，炫人眼目。尤其走起路来，更是阆苑仙姝，嘤咛有味。"人已转入山中去了，一路的脆响，仍玎玲在人们的耳中。恍似丽影依旧在目，歌笑犹然在耳一般"，让人时有梦中之感。

畲族女子凤凰装

广东、福建的畲族虽然也着凤凰装，但来源与式样，都不同于贵州畲族。广东畲族的凤凰装分老凤、中凤、小凤，已婚妇女所戴的头饰，系在一精致的竹管外，包上红帕，下垂一条宽寸许，长尺许的红菱，老年、中年、青年之区别，是在发间分别环束黑、蓝、红绒线。冠上饰有一块银牌，牌上另悬三块小银牌，垂在额前，叫"龙髻"，表示三公主当年的"凤冠"。凡遇结婚，主家的中门，必横批"凤凰到此"四字。

当然，与少年、青年时期的装束相比，"老凤凰装"就很老成持重。别的不说，单看那一身青蓝黑，即使边缀淡花，银圈炫彩，也冲不淡那使人敬畏的练达，化不去这一体的肃穆。至于头饰，就更与沿海畲族不同：小凤凰都头戴银帽，周覆璎珞；大凤凰头覆花帕，帕角沿后脑侧垂一角；老凤凰则一律头顶黑巾。过去，贵州畲

畲族男装

族女性日常巾帕覆头，是很少青丝见天的。简言之，贵州畲族的这种头饰，俗称"凤凰头"；脚踏的绣花船型鞋，号"凤凰爪"；所穿的靓丽衣襟，为"凤凰衣"；悬于腰后的花带，称"凤凰尾"；全套配齐了，才统称为"凤凰装"。

　　为何同一民族、同一话语，同一承传，竟有如此的差异？潘宏立先生对此作了细致的研究。他认为，由于畲族历史上

广东、福建一带畲族的凤凰装

贵州畲族凤凰装

穿凤凰装的贵州畲族女子

鸿山战国贵族墓出土的玉玄鸟

的频繁迁徙，先使族群居地分散，再被汉文化影响，而在本族与居地文化的冲撞交融中，又导致了部分承传的变异与断裂。这个判断当然极对，但我们知道，尽管历史一直大同，生活的内容一直在改，生存的形式一直在变，但置身其中的民族，也同时存在一种不愿改，不想改，不愿变的执著，而这，就是祖先封印在我们血脉里的印记。按照畲族的说法，穿衣戴帽是"老祖宗定下的规矩"，我们不能，不敢，也无权"改变"。为此，不管凤凰装源于纪念"三公主"也罢，感恩"凤凰神"也罢，它出现与存在的过程,亦即畲族的传承与坚守的过程,本身就是一种线索。而这一传说之所以被流传，就说明了它存在的合理性。尽管族群的族别记忆，已出现了大量的遗失与断裂。

穿凤凰装的贵州畲族女子

从"嘎梦"到畲族

当你深入贵州畲族聚居核心区——麻江县隆昌、六堡一带，穿过箐林，登临"雁阵"连峰，试图极目东望时，你是否发现，现实将预存的历史忽然凸显出来，哪怕仅只一角，就镇住了你？

行走在畲族的乡间，我们很多时候有感觉，却没有依据，使人很无奈。假如一定要说些什么的话，不仅我们说不了，可能如今的饱学之士，也一时难以明辨。原因只有一个，那就是，畲族在贵州的原住历史，已久远到连他们自己也忘记年月了。

一个有着明显族群胎记的民族，因何隐入这些深箐？探究这个过程的本身，可能就是一部可堪大书的传奇。这传奇如一头巨鲸，在远古喷出一空水雾后，便潜踪藏迹，

"嘎梦"的来历

"嘎梦"系当地汉人对畲族的称呼。当地汉人因"嘎梦"由"东边"来，故以"东家"称名之。他们之中，有的又称"哈萌"：哈，意为"客"；萌，意为"人"。也就是说，他们自己也说自己是客人，与广东畲族自称"山哈"一致。当时的官方典籍不承认"嘎梦"，称他们为"东苗"。在相临民族的互称中，瑶族称畲族为"哈朵"，苗族称之为"嘎斗"，仫佬族称之为"诺哈"，布依族称之为"迥哈"。明清时的一些史志，又称他们为"佟苗"。
　　　　—— 据《贵州省志·民族志》整理

畲族山乡

家园

杳无声息了，让人空叹一波水面。若干年后，跟踪的目光疲累了，迷失了，才又从那片叫做"云贵"的地方冒出来，嘿嘿一笑，改头换面，躲在箐林里无声巡弋。这时候，虽然此还是此，但彼已不再是彼，一切的一切，纵使相逢应不识了。

然而举凡天下事，百密难掩一疏。不管历史怎样隐匿，现实都会留有气味。指不定什么时候，当我们的目光因聚焦了一个时代，一个故事，一个人，或者一段史实的时候，便可能会重新发现与锁定，就像我们聚焦盘瓠，目光从凤凰山掠过湖湘，最终发现了贵州一样。人们深信，只要清楚了"嘎梦"与"东苗"的关系，知道了"客人"其实是"主人"后，"东家"也就可以借助记忆，接回业已失散千年的魂灵，为自己正名了。

关于这一点，无论史载或者口碑，都能找到依据。《明史》及清《贵州通志》等载，贵州东家人的居地遍及麻江、都匀、凯里、福泉、龙里、贵定、开阳、修文、广顺、荔波等地。清以后，东家人的居住区域被压缩，经民国至中华人民共和国，到改革开放，仅存"以麻江县为中心，临近凯里炉山的干坝、六个鸡、角冲以及福泉、都匀等县市的部分地区"（《贵州省志·民族志》）。在这些史料中我们注意到，除畲族的居住地一直在缩小外，史料提及的地名，都集中在贵阳往黔东南方向，像一块很大的墨迹，收缩啊收缩，最后凝成了六堡、养鹅等几处村落。

但这些史料只解决了"在哪里"，却回避了"从哪来"，连畲族自己的古歌《开路经》与《嘎须词》，事实上也没能最终解决好这一问题。《贵州省志·民族志》说"畲族入黔时，首先落居于贵定平伐一带"，而入黔的时间，则在"元末至明洪武年间"。但落籍平伐之前呢？则无论官方与民间，都同时失忆了。不过这也说明了一个问题，即贵州畲族口传历史的真实性。同时官方的资料，也与《开路经》及《嘎须词》"远模糊，近明白"的叙事特点相符。

1982年，麻江县开展"东家历史族称调查"时，麻江县龙山公社

贵州畲族插秧舞

瓮里新寨70岁老人罗应隆、罗应喜说："明朝初期，调北征南，听说老祖宗从江西珠市巷来……落业贵定平伐羊场一带。""贵定平伐、羊场一带原有土著东家人，就跟土著东家姑娘结婚，生儿育女。以后，子孙跟着母亲言语，就成了东家人了。""后来，我们（指罗姓）又从平伐迁到福泉凤山的羊佬街。"另外，瓮里新寨《罗氏家谱》载："今我始祖……自洪武开辟匀疆后，迁居平浪黑石头……新寨之祖，由平浪而至贵定罗布寨与江西坡，从罗庙、羊佬街、四方堡、麻哈陆家寨。"又载该姓在"平播"之战之前，由遵义分别进入四川泸州和贵州黄平、松桃、都匀府、麻哈州等地。

入黔时集于一地一点，随之遍地开花。这一过程，由清末民初其居住范围遍及十多个县市，到20世纪80年代的"以麻江为中心，延及凯里、都匀、福泉"可证。那么我们不禁要问：入黔之后的其他人，到哪儿去了呢？其实这一问题，从罗应隆、罗应喜老人"跟土著东家姑娘结婚，生儿育女，以后子孙跟着母亲言语，就成了东家人了"的口述，就已很明确了这句话有两个意思：一是江西畲族落业平伐时，当地已有畲族存在，并且由"子女随母亲语言"来看，新迁入的畲族，虽还懂得本族语言，但已不如当地畲族纯粹。二是外人与本地的土著婚配，子孙随母亲"言语"可成东家人，那么以此类推，别人自然也能融入这一文化体系。就这样，即使同宗共祖，就算同处一地，也自多有不同了。如当年迁入麻哈州的罗姓，现在就登记有土家、畲、仫佬、布依等族。这就说明，在某强势文化的覆盖区域内，处于劣势的世居民族若非融入，便只有逃离。当然还有一法，那就是"抱团"。唯有抱团，才能艰难抵御他族文化的侵蚀。这就是麻江畲族核心区域一直有的畲情畲调，并存留至今的缘由。

明白了这一点，再转入贵州畲族的自身文化梳理时，我们便不再迷惘与困惑了。畲语中，"哈萌"的意思是"客人"，这是部分贵州畲族自认的身份，显然与后来的移民关系密切。关于此，自称"嘎梦"的东家人并不认同。据畲族作家赵华普考证，在六堡等地畲语中，"嘎"

只是发音助词，"孟、萌、梦"音近意同，即"居住在粽粑林（俗称箭竹林）里的人。也可理解为'用粽粑叶裹在身上的人'，或'披蓑衣、穿黑衣服、住在高山上的人'"。尽管这里的大姓——赵姓也自称源于江西，但却被同为阿孟东家人的吴琪拉达质疑。阿孟东家人、作家吴琪拉达在其《谈阿孟东家人的族源、族称以及悠久历史》一文中，对贵州畲族自称洪武年间入黔，及自称因功受封得姓等，曾做过分析。他引麻江县六堡赵氏族谱为例，认为六堡赵氏尊崇的一世祖赵进松，"（传说）是明末清初兵荒马乱之时，由福泉哈鸡岱（凤山）逃到六堡的。因年幼，为偿班（麻江畲族村寨名）赵王波公收养。赵王波公不懂汉语汉文，是地地道道的阿孟东家人。在他们的族谱中，凭什么说自己是汉族赵匡胤之后呢？"接着，他结合福泉凤山（哈鸡岱）棉花土（边闷昂界）吴姓，傍认明朝"调北征南大将军吴嘉苏"为祖宗一事，发现了麻哈州六堡赵氏认赵匡胤为族祖的根由："原因是清光绪年间，贵阳青岩赵以炯公钦点状元，邀请阿孟东家人的赵氏名人赵枝秀、赵枝文、赵枝兰赴宴。上述去的人，趁此良机抄录贵阳青岩汉族赵状元的家谱，后又于民国三十八年，由赵氏族人赵枝文、赵廷亨、赵通金等续编新谱……"

假使有人认为吴琪拉达的说法只是一家之言，依然略显单薄的话，那么结合贵州有关"东苗""西苗"的史载，这个观点将进一步得到佐证。《清一统志》《贵州府志》等，对"东苗""西苗"的由来都有记载："东晋时，命谢氏世为牂牁太守，及侯景乱梁，牂牁与中国不同，而谢氏保土如故。至唐时，牂牁又分裂，于是有东谢西谢之称，其后遂以名其部族，曰东苗西苗。"这就等于说，所谓"东苗""西苗"，不仅本身一直是世居贵州的土著，而且可能也都是同一个民族，不过被人为地分为东、西而已。后人不明就里，又对各种苗做不同的考证，有的区别服饰，有的依据特征，如此种种，鱼龙混杂，越分越细，更是叫人云里雾里，弄不明白。如《咸同贵州军事史》就说"考贵州苗之种类，约在百种以上。在

《咸同贵州军事史》

凌惕安著，1932年10月成书。记述了1854年—1874年发生在贵州近代史上规模最大、参加人数最多、历时最长的各族农民反清起义这一重要史实，内容包括事件背景、原因、经过、失败情形以及清政府为镇压起义筹措粮饷、变化兵制、军械装备、善后处理及战事期间人口与资产损失估计等，可谓"本末兼赅，巨细不遗"，是研究这一历史事件的宝贵资料。

贵州实际可以调查者，约有五十三种"。——这就譬如汉族，居北京的叫"北京汉"，居河南的叫"河南汉"，呵呵，有这样的分法吗？

"嘎梦"自己虽不知从何而来，但一直生活在高山深箐的棕粑林（亦即竹林），披蓑衣、着黑衣，是"东苗"后裔，因"有族无姓"，所以采用父子连名（清·罗绕典《黔南职方纪略》），但这种父子连名的状况，到明清时期便终结了。"自明清而后，有人经考查，发现东家人的原始姓氏，均为汉官、土司所赐"（《麻江县东家族称调查资料》）。世居民族一旦"获得"姓氏，便开始编族谱排字辈，于是"父子连名"逐渐消失。1982年的一份调查数据，能较直观地说明这一现象："（截至当年）隆昌公社隆昌大队王永正家，父子连名五代；王学品家，三代……"而当时父子连名上推最远的，是贵定县云雾区（平伐）王氏，他家已父子连名四十七代之久。

这个统计至少说明两个问题：一是王氏入黔落业，的确在贵定平伐；二是麻江隆昌王氏的父子连名仅上推五代，可以就近与清代"改土归流"及民国政府"民族大一统政策"联系上。由此可见，历史上，贵州畲族的处境的确艰难。而无论汉族的"客变苗"，或者土著的"苗变客"，都为环境所迫。这一情况，从麻江县碧波乡偿班村赵世辅墓的碑文上，也可得到证明。赵世辅墓碑文称："吾族始祖世辅者，原籍江西朱砂巷，自明末清初奉旨入黔，拟字二十四字派；养子分居六堡，另拟二十字派。"

这就说明，贵州"东苗"的姓氏，多起

"百苗图"中的"西苗"

"百苗图"中的"东苗"

始于明清以后。一方面，奉旨"调北征南"的汉族一到贵州，就进也艰难，退也艰难，四顾茫然之下，只好选择"客变苗"，融入当地社会。他们的后代，就自然开始了双重承传：承传母亲的语言习俗，承传父亲的祖源关系。另一方面，世居民族一旦游离出来与汉人混居，也会"苗变客"成汉族，离本家宗支越来越远，彼此的联系便越来越少，最终断掉了族源记忆。因此不论"客变苗"，或者"苗变客"，对祖源族源的坚持，都远不如世居民族执著。调查中，都匀市85岁老人潘银安说："新中国成立后，我们东家人被登记为布依族。（但）现在我们还是东家人，还讲东家话。"综上所述，在贵州，虽然"嘎梦"只叙述了当时的生存状态，"哈萌"只交代了自己的"客人"身份，不知自己从哪儿来，但都一直坚持自己的东家人身份。两相比较，就时间而言，"嘎梦"在贵州的世居时间，应该比"哈萌"要早得多。

　　既然无法确认自己的族别身份，"东家"又转自他族的称呼，那么自己的身份又该是什么呢？为弄清楚这个问题，贵州省民族事务委员会开展了民族甄别与认定工作。在这一背景下，凯里、麻江、福泉、贵定等县市，在1982~1995年间，就"东家人"这一群体的来源，用12年的时间，组织了深入的调查与走访。1993年11月、1994年7月，贵州省民委先后两次，在麻江县召开了"东家人代表座谈会"，决定组建以贵州东家人代表为主体的"贵州省少数民族考察团"，根据《开路经》及"东边来的客人"等信息，经江西转广东、福建等地考察。经反复比对梳理，形成了以下共识："一是贵州东家人，（民间传说和墓碑记载）都是从江西迁徙入黔（的）。（广东）《潮州志》曰：'畲族初聚居粤、闽、赣三省之交'，这就说明，这一地区极有可能是东家人迁徙到贵州、到江浙之前的一处中转地；二是西迁的东家人与南迁的畲族，语言虽大同而小异，但基本词汇均相同，系不同融合所致；三是尽管服饰等并不一样，但丧葬习俗基本相同，这也可说明两者间的渊源性。"

SHANXIANG
山乡
是吾居
SHIWUJU

● 筚路蓝缕　入山出山 ●

畲族传说，盘瓠死后，辛女重回皇宫，向高辛帝作了汇报。高辛帝闻报后，曾派人迎接盘瓠的子孙到帝都同住。却不想乡野之人，不惯都市生活。高辛帝无奈，只好"赐以名山"，"永免杂役"，聊尽外公职责，任其自由发展。

其实畲族的此段自述，也非空穴来风。郦道元的《水经注》中，也有相关的叙述："盘瓠死，因自相夫妻，织绩木皮，染以草实，好五色衣，裁制皆有尾。其母白帝。赐以名山，气候滋蔓，世曰蛮夷。武陵郡夷，即盘瓠之种也。"

郦道元的这几句话，至少包含了两重信息。一是"好五色衣"，标明了畲族的服饰特点，与今日畲族服饰相合；二是"武陵郡夷，即盘瓠之种也"，也与贵州畲族来自江西吻合。据此考证，武陵位于湖湘的沅、澧二水间；古设武陵郡，北靠中原，东南控两广，西南遏蜀黔，是当时"治内"与"化外"的分水岭。盘瓠的后代既然"只望青山而去"，那么"放行广东路途"，就极可能只是方向，而两广、贵州的青山，才是他们的目标。

　　谁都知道，口头传说虽明显存储有祖先的信息，但言传却难免会以讹传讹。譬如这段正史故事，却以"楚平王出敕"的方式，"张飞杀岳飞"到了战国。然而这些都不重要，不管故事的主导者是谁，也不管畲族手中是否真有"永免杂役"的丹书铁券，但史传盘瓠入南山，并且畲族先民也一直世居崇山峻岭，却是事实。表面看来，畲族长期以来故步自封，"不与庶民交婚"，始终避居深山，顽强固守自己的传承系统，似乎没有理由。但是在他们情愿付出代价的背后，有没有别的什么因

郦道元和《水经注》

　　郦道元（约470～527），字善长。汉族，范阳涿州（今河北涿州）人。北朝北魏地理学家、散文家。仕途坎坷，终未能尽其才。他博览群书，幼时曾随父亲到山东访求水道，后又游历秦岭、淮河以北和长城以南广大地区，考察河道沟渠，搜集有关的风土民情、历史故事、神话传说，撰《水经注》四十卷。《水经注》全书三十多万字，详细介绍了中国境内一千多条河流以及与这些河流相关的郡县、城市、物产、风俗、传说、历史等。该书还记录了不少碑刻墨迹和渔歌民谣，是中国古代较完整的一部以记载河道水系为主的综合性地理著作。

福泉凤山

素，比如祖训，信守什么约定之类?

　　指责高辛帝很少关心外孙们，也与事实不符。畲族民间传说"盘瓠负女上南山"后，高辛帝很是想念女儿，多次派人前去寻找，但每次都因山势险峻，云遮雾罩，无从找寻而回。直到盘瓠死，辛女回，高辛帝这才知晓了女儿的苦乐，便把外孙接来，让他们也过过"文明人"的生活，弥补对他们的亏欠。然而高辛帝不久就发现，这些外孙也像他爹一样，不喜管制，不受约束。经再三权衡，高辛帝决定顺应他们自由散漫的天性，替他们解除劳役，为之划出南方的山地，任其"刀耕火种，自供口腹"，无拘无束去也。

　　由是官家不管，役税无涉，畲族躲在化外，过起了"逍遥自在"与世无争的生活。但无争，未必就能平安度日；小心，也未必就能撑得顺风船。唐至元明，中原困不住帝王的目光了，于是畲族快乐的好日子也就到头了。从明洪武起，这片与世无争的土地，代代上演着反抗与镇压、迁徙与逃亡。畲族恬淡自安的生活，被换成了"旦辞爷娘去，暮宿黄河边。不闻爷娘唤女声，但闻黄河流水鸣溅溅"的离乱。从此，畲族居所的美丽、生活的浪漫，在刀矛箭矢之下，变得七零八落……

　　同一种历史的取舍，在不同世居民族的记忆里，也有不同的表述。如贵州各处乡间的歌谣俚调，时不时地，也会触及些长眠了的味道。黔北仡佬族有民谣："高山苗、水仲家，仡佬住在石旮旯。"黔东南民间歌谣唱："抵麻抵珍坐得高，牛皮火壤会吹箫；基东瓮袍是木佬，黄莺高寨住东苗。"后一首是黔东南麻江民间的"盘歌"，今天已很少人知道了。但从歌的内容看，歌中提到的民族居地，现今如何？地名虽然未变，但情况已大不同：牛皮火壤等寨，已鲜见弄笛吹箫之人；基东瓮袍，今

麻江六堡

木佬已非昔木佬（汉化矣）；黄莺高寨，东苗已变为"苗"。如果说，这样的歌谚，只描述了当时的生态，显得很"浅"的话，那么，福泉凤山镇与边闷昂界（棉花土）一带畲族的民谣，就多少有些苍凉与无奈了。农闲摆古，他们会指着远处的山梁，近边的田坝，对子孙们说，这些地方呐，可是"先有苗子，后有汉人；先有羊佬，后有平越；先有皋阳县，后有平越城"的啊。

　　这是一种民族融合的阵痛，改朝换代时有，时变世动时有，"改土归流"有，迁徙融合有，不仅中国有，外国也常有。纵然时光逝去，祖先作古了，曾经的艰辛与浪漫，过去的惬意与苦痛，还在文章和歌谣里活着。在恍似顺手拈来的只言片语中，我们仰望曾经活过的山民祖先，聆听那些穿行于自由无争里的叮咚环佩，羡慕起桃花源里的男女来：山上有嘉木，烧畲积畲米；居停桃花源，径寸有黄金。闲则狩猎，呼喝一群猎犬；农忙烧畲种田，又能田、野兼收，加之蔬菜常备，野味时有，又不交税纳粮，想不富都难，想不快活也难。值得一提的是，畲族所谓的"烧畲"，汉族则直言为"烧荒"，是一种山区常见的耕作方法。《临汀汇考》（清·杨澜）中，特别说了畲米的种法："畲客开山种树，掘烧乱草，乘土暖种之，分黏不黏二种，四月种，九月收。"这种烧畲的方法，贵州畲族一直沿用，不过名称也不叫"烧畲"，

黄莺畲寨

而沿用了汉族的"烧荒"。

　　就这样,贵州畲族一步步地,由水边的平阳大坝(贵定平伐),退到了可进可退的山脚(边闷昂界),再由山脚搬离,更退入峰峦与山腹(六堡仰古),尔后又一步步地,由此山到彼山,从此峰上彼峰,越退越远,越远越难,最终进入恶性循环。这个过程,麻江畲族大姓赵、王、吴、罗等的迁徙历程可证,畲族入黔与散居的过程可证,流传在贵州畲族地区的民间歌谣也可证。贵州畲族入黔落业的地方,是贵定平伐。贵定是省城贵阳的重要门户,落业贵定,即落业于省城的周边地域。按理来说,就该落地生根,光耀门楣。谁知落业容易守成难,终于弄到兄弟分手,族人四散了。畲族曾经的落业之地,反而不是畲族子孙的世居之地!这说明了什么?只能说明当时,该地世居民族之多,连清康熙年间的《贵州通志》也不得不承认,"出国门而望,烟墟村寨,尽皆罗罗……通谓之苗蛮。苗中,又有花苗、青苗、东苗、西苗、牯羊苗、白苗、黑苗、平伐九名九姓苗、夭苗……因未易更仆也","贵阳苗种,《黔书》所记十三种;《通志》所记有二十种","贵定县有苗六种:一曰花苗,二曰白苗,三曰仲家,四曰木犵,五曰青苗,

● ……………………………
贵定云雾山梯田

六曰鸭子苗"。这些记录，离现在虽不遥远，但假如我们现在重回贵阳、贵定，哪里还见得着什么民族村寨？尤其贵定为"鸭子苗"旧地，而"鸭子苗"一向被认为是"东家人"的别称，如今贵定的东家人，较麻江、福泉、凯里已少之又少了。同期的典籍，无论是爱必达的《黔南识略》或罗绕典的《黔南职方纪略》，均明载麻哈州仅仅"有苗四种"。其中，"识略"称仲家、东苗、木佬、紫姜；"纪略"除把"紫姜（苗）"换为"黑苗"外，并无"鸭子苗"一说。只是特别强调了麻哈州的少数民族"俱巢居箐处，迁徙无定"。至于"鸭子苗"如何大规模迁入麻哈，原麻哈州的"紫姜苗"又演变为别的什么族，则没有一致的认定。

照常规而言，"居无定所"已是人生之苦境了，更何况还"巢居箐处"？安居才能乐业，乐业才能发展。一旦居无定所，乐业便缺了前提。处于如此境况的人，就只能寄希望于果腹，哪里还谈得上其他？以往的恬淡自安恰如秦时明月，曾经的金钗银钏也只能是梦里江南。至于他们辈辈远徙上高坡、钻山林的原因，一为避"生人"，二为求"乐郊"。于是躲来躲去，原有"鸭子苗"的地方，没了或少了；原来没有的地方，不仅有了还多了，并渐渐演变成了贵州畲族的主居地，譬如麻江县的隆昌、六堡，福泉市的仰古、兴隆，凯里市的角冲、六个鸡，都匀市的红义等等。以至于《贵州省志·民族志》在叙及贵州畲族的居住区域时，也说是"以麻江为中心"。而麻江县的东家人（畲族）不仅人数为最多，风俗文化也保存得最好。

至20世纪80年代，曾为"鸭子苗"故乡的贵定，就算拉上惠水县岗固等地的"海葩苗"，人数也仅7000余人，不及麻江的四分之一。值得注意的是，在相关典籍中，"鸭子苗"一词仅出现在贵定、平越，别的地方则罕见。中华人民共和国成立后，麻江县的资料在叙及"东家人"这一族称时，多括弧标注为"鸭子苗"，就在东家人的祖源传说中，也说本宗系经贵定迁徙而来。可见在当时，"东苗"未必全是"鸭子苗"，"鸭子苗"则不属于"东苗"。而从"鸭子苗"融入"东苗"到名称的消亡，不过短短500年左右的时间来看，历史上长期处于弱势的贵州畲族（东家人），能步履蹒跚地走到现在，实在不易。

据此，假如将畲族始祖盘瓠"负女以上南山"看做是"入山"，而将元明以降，尤其受明朝开疆拓土政策影响，畲族子孙纷纷搬离广东凤凰山、贵州畲族子孙纷纷离开贵定平伐云雾山看做"出山"的话，那么盘瓠子孙（融入他族的，算是永久"出山"，可以不计）中，有的从大山搬出，与汉等族杂处，算是"半进半退"的话，那么远徙贵州、又远徙麻哈清平等地的，尽管长途劳顿遗失了记忆，却是坚守盘瓠特色最彻底的支系。他们一直靠山吃山，生死在山，丝毫未变。直到今日，除纳税服役一如山外之人，读书习字一如山外之人，金钗银钏不如祖上之人外，祖训与积习都在骨髓里，也一直未变。譬如秉承盘瓠葬仪的歌舞欢颜；长期落实"不与庶民交婚"的古训；"好五色衣"且"缝制皆有尾"的服饰等等。其中最为关键的是，贵州畲族人一旦死亡，必要开"东家路"。开东家路须用本民族语言和以本族女性古装为"凭证"，否则，亡灵不能真正问祖归宗，获得安宁。值得注意的是，贵州畲族祖居在"东方"，这就等于告诉了我们贵州畲族的来处。田间踏访中，笔者曾追问为什么，他们说，畲族（东家人）的祖先都只懂东家语，假使开路使用"客家话"，那不是扯谈么？

就是隔了千里万里，习俗语言都未改变；即便断裂了千年万年，也能将路径隐在血脉中，千里追随祖先的足迹。尽管贵州畲族已说不出来处，也说不清楚盘瓠，但这些血缘，与远古的联系却仍草蛇灰线，绵延不绝，而贵州畲族人，也能用他们的一生，共同坚守祖先的烙印。古语云："神不歆同类，民不祀非族。"（《左传·僖公十年》）从畲族自觉于血统的尊祖意识，可见某种印记一旦深藏于血脉，将是多么的牢固。

广东凤凰山的畲族一直说，他们的一支族人，在迁徙的过程中失踪了。到目前为止，关于贵州畲族的来处，却一直还没有确凿的定论：这里面，是否藏有某种千丝万缕的联系？假若有，那么关于畲族的"入山"与"出山"，我们在可望续出新内容的时候欣喜地看到：作为盘瓠子孙，这群贵州的"东家人"，没有让祖先失望。

竹荫树佑畲家寨

畲族古歌《开路经·下龙潭》这样唱道：

我们老人啊，才过水五条，才渡湖五处，看见湖水黄泱泱，看见波浪白茫茫。岩石陡陡无处上，森林莽莽无处行。这该怎么办？这该怎么行？天家来指点，指明水清是山泉，指出水浑可灌田。此地盘山路，分明是种地的路，分明是我们的歇脚之处，分明是我们的起房造屋之处……

在贵州畲族的导亡词《开路经》中，我们看到"老人"们"下龙潭"共分两段。一段是前期的大规模迁移，"来人一群群，挤满大田坝"。然而结寨乐居，生活安定后，本族的后人，因无对象或配偶，而自相择配，违背"老人"的意愿并出现"异象"：产狸孩，生毛孩，怪事接连出现后，"老人"们决定再次迁徙。

再次的迁徙，就比第一次更远，也更难了。第一次迁徙，大家只是"过河过岩过门洞"即到，所到的地方又宽阔平坦，容得下"来时像鸡群，来时像谷穗，拉马来驮草，杀牛来盖房"的许多族人共建同住。这后一次的迁徙，渡过了五条河流、五个湖泊，再翻越高山，穿越森林。

畲寨秋色

畲族民居

畲族干栏式建筑

然而仍找不到宜居环境，这才占卦以求神示。最终，在"神"的指点下，才在高山深箐里定居，学会了生存的技能。

贵州畲族一直在动荡与迁徙之中居无定所，然而居无定所也得居，颠沛流离也盼稳，所以一路下来，他们民居的方式，一直在效益最大化原则下删繁就简，因地制宜。最能贯彻这一原则的，除随到随建、随走随搬的简易屋（窝棚）外，典型的建筑，如福泉市凤山镇羊佬街上的石板房，就地取材，因陋就简，自成特色。贵州多山，而山上多树，因此他们随处可见的居所，虽是木屋，却与苗家的吊脚楼不尽相同。苗家吊脚楼依山就势，人住二楼，畜居底层，干燥通风又避虫蛇；畲族则先取平坦的地面，人居底层，图求方便；畜舍厕所另建，讲究居处卫生。一般都不建构"四合院"，富有的人家，要么另建几间，要么将木屋加长，号称"长五间"。

木屋的规格，开间惯取单数，俗称假三间、正三间、长五间。间是木架屋的基本单元，含内、外两间，相当于时下通称的"通间"。一般人家建屋，均为正屋三间：中堂及左右两间。开间的大小与多少，与该户人家的财力成正比，与当地的普通人家成反比。之所以这么说，是因为宽开间（增加瓜柱）与多开间（增加排列），一来需要大量的树木，二来需要足够宽的屋基，都与财力直接挂钩。若正屋三间不够，可在正房的侧面搭"偏厦"，在前面两旁建厢房。偏厦用作厨房或储藏室；厢房可用作厨房或会客室，也可用作畜舍，内设厕所等。若厢房楼高为两层，那么上层也可为子女的居室或客房。但是不管偏厦或厢房，高度都不能超过正房。究其根源，是尊卑纲常融入了居家风水的格局，属汉文化浸漫的结果。起房造屋是农家的大事，事实上也非易事，俗语"与人斗嘴，一时不得安宁；起房造屋，一年难得平静"，可见涉及面之广，财物花费之巨。就是"结庐山谷，诛茅为瓦，编竹为篱，伐荻为牖"的茅棚，以茅草覆顶，竹篾编墙壁，芦席遮窗户，看似不费力气，实际也只是费用多少、强度大小的区别，建造的头绪，是丝毫也不少的。选址整地，备料选料，树框立架，解制枋板，规划取舍，哪一项，能够省去？

先说茅草房。在贵州山区，芭茅柴草处处皆是。如果不考虑山主的话，人们可以随取随用，作建材极为便利。所以在先来先到，插草为标的年代，无论畲族或别的谁，初来乍到尚未稳定，或者家境贫寒难敷用度，还处于"火笼当棉袄，辣椒当油炒，竹篾当灯照"的苦境时，首选的房屋，就是茅草屋。常规情况下，茅草屋也是三间，只不过每间开间小，空间窄，仅一层而已。方法是先建框架，平整地基，拉线

有百年历史的畲族粮仓
....●

定位，起土夯墙。拉线定位的目的，一为定向，二是格局。造屋的人如果有条件，那么这房屋的向靠取舍与路道水势，也很讲究，拉线之前，需请地师杀鸡念咒，尤其动土的时辰，更是不得含糊。夯造土墙时，先打桩定位，再夹以厚木板，次以黏土把中间填实，用冲杵筑紧夯实，直到预定的高度。墙筑好后，将立柱用穿枋、挑枋纵列固定，成人字架，搬上墙头，同样用穿枋横连，使之成为整体，再用楔子固定，然后纵设椽皮，横铺檩条，将晒干捋顺了的茅草一次整齐铺扎，给屋顶盖上"蓑衣"，家便初成了。然后才是铺楼板，编竹壁，做门窗。也有不筑土墙的，那就只有以竹篾编壁，或以秸秆夹壁，谓之"千柱落脚"。后一种，建造起来更为便利。同理，石板房的建造，除不用夹板夯土，屋顶不盖茅草之外，大致与此相同。

　　和其他民族一样，贵州畲族建房的时候，不仅"动土"讲究时辰，甚至连伐木、架马、排扇、起列、上梁、踩门等环节，都讲究择时与纳吉。此时的吉言吉词，黔北仡佬族称为"说伏式"，黔南、黔东南则直言"四言八句"。如伐木，伐木系上山砍树备料，落斧之前，须由"掌墨师父"（木匠）在树前祭告。先摆祭品，燃香烛，然后"吩咐"吉言："扣请此间土地，神文通灵，天长地久入幽冥，与吾传奏不留停……酒行三献圆满，诸神保康宁。今日大中华某乡（镇）某村某谁收掩赤口，开山伐木，焚化纸钱十数，以定保与山前山后，山左山右，有人祭礼五音五姓，男女老少孤魂野鬼同来领受，有堂归堂，无堂归殿，四方显化，另个安身，休在此境，侵害良民。"礼毕开砍，唯图吉利。房梁做成了，亲友们要"踩朝梁"。至亲携鞭炮鼓吹，主家燃炮迎接，锣鼓唢呐到梁前，至

● · · · · · · · · · · · · · · ·
建房忙

亲一方的代表大声吟诵吉词："木王木王，你生在青山绿海洋。谁人赐你生，谁人赐你长，地王龙神赐你生，露水茫茫助你长。张郎过路不敢砍，李郎过路不敢扛。只有鲁班师傅法力大，请下你来做栋梁。砍了头，锯了顶，两头不用用中间。张画匠，李画匠，五色颜料都配上。画个龙来龙现爪，画个虎来虎现身。龙现爪，虎现身，荣华富贵万万春！"吟唱毕，转到中柱，又唱颂词："脚踏中柱步步高，主家立房我来朝。立起华堂儿孙住，文武双全出此房。武官出来是宰相，文官朝中状元郎。老么留在华堂住，月进金来日进银。邻里周边都和睦，万事大吉在此家。"话音未停，锣鼓唢呐已响起，吟唱者又转到对面："踩了那头踩这头，踩个风吹燕子楼。燕子楼上插金花，富贵荣华到你家……"由此可见，择吉择的是吉，纳吉纳的也是吉。总的说来，是要表达一个善良的祝愿，期望百做百顺，祈愿丁口荣昌。

畲家庭院

　　当然，也只有富足的人家，才有这么些讲究与做派。因为就他们而言，立的不仅是住处，关键是要夯实一个"基业"，所以才如此隆重和慎重。一般情况下，畲族的木房多四列三间，其次是五列四间，六列五间即俗称的"长五间"，再以上，就少见了。以四列三间的全木楼为例，墙体楼面均

畲族人家

木板封装，顶盖小青瓦，中为"堂屋"，设香龛供奉祖先，用于祭祀、接待贵宾，或举行重要仪式。秋收时节，也用作粮食暂存处。其余两间，或用于卧室，或设火塘。附设火塘的一间兼起居接待，是一家人日常活动最多的地方。堂屋外侧向内凹进一米五左右形成"吞口"，正中两扇大门，内开；大门外设"腰门"，外开。这样，这住房也就摒弃了所有的"凶"，而积聚了所有的"吉"。人们深信，举行了这些仪式之后，就能够保护一家人逢凶化吉，遇难呈祥了。

然而这还只是畲族造屋中的部分环节。在此之前，必先择定"屋基"。明清以远，他们的屋基选址是否讲究，现已无从查考了，但从遗存在都匀、贵定、麻江三县交界之斗篷山原始林区的"唐家屋基"旧址来看，畲族建房选址在可能的情况下，都选在平坦方便、通风向阳的地方。麻江县仙鹅、坝寨，福泉市凤山镇羊佬大坝等地的畲族民居，无论背靠大山巨丘，或铺漫于缓坡台地，都一律面朝田坝，并不怎样拘泥于山的朝向。这样选址，既通风透亮，又方便耕作。在这样的地方居住，居家外出、担水打柴都极为方便。房屋建好以后，畲族人家还喜欢在门前种花，在屋后种树，花坛院门之外，遍植毛竹。贵州的村景本来就安宁静好，这样的布置更是恬淡祥和，假如正值阳春三月，桃李花开，即使没了金钗银钏，短笠长刀，游客见了"水田外面是竹林，竹林背后有人家，人家周围多枫树，雉鸟山鹊闹喳喳"的景致，也一样会由衷地赞叹。

● 祈盼百做百顺的大典 ●

在黔东南或黔南行走时，"跳月"一词，会使你产生一种陌生而浪漫的感觉。这种感觉在畲族的风俗里常见，在苗族的习俗里也常见。这是怎么回事呢？

畲族习俗里的跳月，有关情爱也非关情爱，有关娱乐也非关娱乐，其展示之目的，似乎更明确些。

古代畲族专门娱情的节日，一般出现在两个时段：一是每年播种前的正、二月间，女子"坐花园"等郎会，以及邻近地区的四月八、五月二十八、六月二十四等节日，都专属于年轻人；二是畲族跳月，这是"哈逊"（祭祖大典）上一道华丽的仪式，届时祭祖已毕，祖先的魂灵与族众联欢，这时盛装女子们的舞蹈，是大典上娱神娱人的一道盛宴。舞蹈中，女子展示自己，男子欣赏与锁定自己将要追求的对象，这一切都在默默进行，谁也不说出来。

　　处于同样的环境，却保存着不同的文化特征，于是贵州就有了"五里不同风，十里不通俗"的乡俗。郭子章所谓"诸苗大体如此"，属于抓大放小的说法，譬如苗族与畲族都藏鼓祭祖，都吹笙跳月，都认为"祖鼓"即祖宗，祭鼓即祭祖，鼓藏是祭祖的最高形式，等等。外来的人走马观花，就难免会如水中望月，那么所做的记录，可能也只是"得其形"的叙述。至于不同文化背景下的相似表达，与相近形式内容外的细微体验，及与此相关的阐述与理解，就属于更高些的要求了。

祖鼓

　　先看祖鼓。畲族制作祖鼓不用枫木，而用樟木。制作时要把樟木树凿空，两端蒙以黄牛皮，边缘用铜钉整齐加

"哈逊"芦笙舞

固。祖鼓长 190 厘米，直径 44 厘米，另配鼓棒四根，每根长 32 厘米，也用樟木制作。鼓内置祖先灵位，鼓身挂彩披红。一年之中，除特定的时日请鼓外，其余的时间，都由负责"藏鼓"的房族妥善保存。

阖族的祖鼓，须特建"藏鼓房"保存。建房的费用公摊，房的功用就是藏鼓，不能挪作他用。支族的祖鼓，存放相对简单，负责"藏鼓"的房族，可在神龛左上方专设一鼓洞存放，也可将鼓悬挂于自家房屋的中梁之上，为鼓身披红一丈二尺（约 4 米），侧置芦笙、牛头骨等物为伴。但无论藏鼓房或鼓洞，都是神圣之处，要随时保持安静与清洁，免使"祖先"受到惊扰。藏有祖鼓的人家，除注意保持整洁外，禁止在屋内站立吹芦笙，不准坐大门槛，不准邪言乱语，不准人畜出入藏有祖鼓的房间，等等。凡祭鼓藏的宗族，不管藏鼓与否，各户均要在神龛上方备留一鼓洞，日常焚香祭祀，大门槛也要保持干净，不许人坐。

祖鼓引灵

畲族小鼓手

贵州畲族的每一个家族或者房族都有一只祖鼓，并由族人公置二至三亩不等的"祭祖田"，由族人代耕分成。若非必要，祖鼓一般都传给幺房并由幺房保存。若遇特殊情况，则在"大祭"时用占卜的形式，确定祖鼓由谁保存并备办下一届的祭祖仪式。通常情况下，贵州畲族需定期祭祀，古礼原定十三年一大祭，后因费用的问题，经畲族公议，改为定期与不定期两种。个别宗支，也有改为三年两头祭，或一年一祭的。不定期的称为"平祭"，畲语叫做"井逊"，意思是"一般，或礼节性的供奉"。定期的称为"大祭"，畲语称之为"哈逊"。根据族人公议，十三年一祭的"哈逊"，分龙年祭与羊年祭两类，至于选用龙年或羊年，则借甲子轮推，断出吉凶以后，由全族取舍自定。祭祀的时间，一般选在入秋后的十冬两月，但不管选定何时起鼓，都需于当月的十二日至十五日结束。支族的祖鼓之所以多由幺房承继，源于一个不成文的习惯，所谓"皇帝喜长子，百姓爱幺儿"。表面上，畲族的祖产由长子管理，众儿有份，但实际却是幺儿独占。俗语说的"幺儿住大房"，就体现了这一约成的习俗。

　　不定期的平祭，一般都是因为族内出现了异常的事情。如日常冒犯了祖鼓、祖鼓与芦笙自动发声、族人许下了什么"心愿"等，都需以祭品供奉，向祖宗通报事情的原委，以求得祖先的谅解与护佑。"井逊"时，需请祭祖师"也相逊"、芦笙师"相者"及房族老人，供品为猪头一个、鸡一只。起祭时，"也相逊"先念咒，"相者"吹芦笙，

哈逊祖鼓

然后由主祭人将鸡、猪等交由往生。事毕，主家备饭菜一桌，族众长者七人围坐，"相者"吹芦笙，"也相逊"念咒、占卦，求得"神示"后，向祖先敬奉祭品，众人就地陪饭，整个过程用畲语。待祭祀毕，预先安排在外的人故意操汉语，做大声交谈状，陪饭人即用畲语说："客家人来割尾巴了，祖人请快走！"随后众人四散，"相者"将芦笙放回原处，主家收拾残席。据此可知，"井逊"属于常规的居家小祭，目的不外请托祖先庇佑，禳病消灾，层次低，规模小，参与的人也少。

"哈逊"是畲族大典，参与的人多，开支大，各房族的"祭祖田"不敷开支，于是商议采取了两个办法。一是不足部分由族内各户捐集；二是做会。捐集只能应急一时，做会却可以支撑较长的时间，因此被畲族同胞普遍认同。"哈逊"期间，需备办"头角端正，毛旋周正"的水牯、黄牯各一头，选定用来顶鼓的顶鼓女（畲语称为"故胞"）一人。水牛与黄牛用来祭祀祖先，祭祖完毕即杀。顶鼓女身份特别，据传"顶鼓"之后，此女将终身不能生育，所以需事先约定。而"约定"的诀窍，便是选取家贫而长相姣好的女孩，预先用银子买定。"哈逊"开始前，主祭人"热相"召集祭祖师"也相逊"、芦笙师"相者"、顶祖女"故胞"、送鼓与击鼓人"鹅家"、清户扫家的巫师"超昂"、抬鼓人"厂家"，讲清要求，梳理秩序，明确职责。形成一致意见后，"哈逊"正式启动。

"哈逊"之前的一夜，别人无事，但祭师"也相逊"与相关人员，则须在藏鼓人的家中，念一夜的"祭祖词"。次日，主祭师"热相"带领一干人热热闹闹地来，先给祖鼓上彩披红，唱"请鼓词"，再由抬鼓人"厂家"与

哈逊祭司

敲鼓人"鹅家"请鼓上路，抬往既定的"跳月场"。此刻，跳月场上已用坚硬的圆木支了个牢实的"三撑架"，用来悬挂和固定祖鼓。"厂家""鹅家"把祖鼓请上支架，固定妥当，芦笙师"相者"吹起芦笙，抬鼓人"厂家"站在架下护鼓，击鼓人"鹅家"举棒敲击祖鼓，顶鼓女"故胞"在两名盛装姑娘的陪同下，先向祖鼓行礼，然后紧跟在芦笙师"相者"的身后开始"跳月"，摆腰踏步，左右回旋。早已盛装等候多时的畲族少女们依次加入，一排排，一层层，跟在顶鼓女的身后，环绕祖鼓，踢踏舞步，回旋往来。这时候，击鼓人"鹅家"与芦笙手"相者"配合，疏密有致的鼓点与悠扬婉转的芦笙配合，轻摇慢展的身形与婀娜多姿的舞姿配合，把跳月场的气氛推到了极致。据曾参加过畲族祭祖大典的人回忆，那种快乐而又肃穆认真的场面，一旦有幸遇见了，就会烙在记忆里，毕生难忘。

　　祭祖的最后一天，为村民们"扫家"的巫师"超昂"出现了。"超昂"是个滑稽的巫师，领着一帮滑稽的人，做一连串滑稽的动作。这是一伙光背赤膊、"奇形怪状"的人（有的身披牛皮，有的胯下夹着胡萝卜），他们进入各家堂屋，一边高唱祭祖词，一边做滑稽动作讲"丑话"，挨门挨户地为村民"扫家"。这样做的目的，是要驱走妖魔鬼怪，还主家以安静清洁，祈愿主家百做百顺，儿孙发达。每清完一家，出门时就顺手抓起主家预备在门外的甜酒粑吃，然后沿路吃喝，再回跳月场。这时，早就等候在此的人，赶紧摆出了敬奉祖宗的供席，招呼七人围坐。主祭"热相"负责卜卦，并领唱"送祖词"。随后，"热相"每卜卦一次，众人便随声高唱"送祖词"一次，陪祖宗进饭一次。将结束时，预先安排的人又扮作汉人"割猪匠"，手提割猪刀，一边当当敲锣，一边用汉语高喊"割猪喽——"，"割猪喽——"。声音传来，跳月场上的人同声呼喊："汉人来割尾巴喽，祖人请快走！"候在一旁的"鹅家"与"厂家"闻声摘下祖鼓，转身就往存放处跑，芦笙手"相者"随即吹奏《请虎踩堂》（据畲族传说，此曲被吹响之后，猛虎就会寻声下山），大家四散，"哈逊"结束。

● 吆牛赶鸭 挣钱养家 ●

畲族鸭客

牧鸭图

贵州畲族的普通人家，都有两件宝物，一是牛，二是鸭子。

牛是家庭的公产，每个人都有饲养与看护的责任，鸭子则不然。贵州畲族旧称"鸭子苗"，歌谣"养羊为吊丧，养鸭为扮妆"，就指这一特色。过去的畲族，家家必养鸭。男子力强，可赶山狩猎进"活钱"，不过这种收益不固定，所以也不是养家糊口的长久之计；女子尽管力弱，但照顾房前屋后之外，还是多有余力，所以无论姑嫂，均允许每人私养三五只鸭子，生蛋换钱，作为私房钱，以换取针头线脑、方巾手帕。

要养鸭，就需要水。畲族是一个极善农耕的民族，善于把稻田兼做鸭田，能有效提高土地的利用效率。这就说明了一个问题：畲族不管迁徙到哪里，都离不开土与田。以田种稻养鸭，又限制了他们的居地选择。流传于麻江地区的歌谣"绕家河边，东家田边，木佬山边"，就是明证。无论住得多高，条件多艰苦，畲族也要想方设法，在门前开凿水渠，凿制水塘。今日随处可见的塘堰遗迹，昔日麻哈州畲族居地"五寨三庄"中包含的"九眼塘"，就是昔日畲族善于养鸭、乐于养鸭的证据。

为养好鸭子多生蛋，畲族妇女的农活都干得非常漂亮。贵州农村说鸭子是"开口货"，可见养鸭要耗费很多粮食，所以她们得挥汗种地，尽量多收粮食，才能保证鸭子们的口粮。鸭子喂养好了，生的蛋就多，而蛋多则钱多，这是很诱惑人的，也是一个可以立竿见影就赚钱的良

斗牛

性循环。这些好处不仅姑嫂们看得见，家长们看得见，连孩子们也看得见，于是，养鸭才成了一般畲族家庭的保留节目，成为一种世代沿袭的族群风俗。

当然，除了专司放鸭的"看鸭客"，男人们一般是不屑于养鸭的，他们看重的是牛。他们老老实实地喂牛和敬牛，细细致致地用牛与护牛。在畲族看来，牛并非完全是牛，它的前生是神，是专门为人劳作的神，所以必须给予它足够的爱护与尊重。为此，畲族不仅尊牛为"牛王菩萨"，而且还用一个隆重的节日——"四月八"专门为它祝寿，可见牛在畲族心中的地位。"四月八"那天，人们先敬奉牛神，再给牛喊魂，给牛"放假"，还染乌饭，唱情歌，摇马郎，让四乡八寨的人都聚拢来，用大家的人气，添牛王的牛气，用情很深，寄予很重，很有特色。

畲族善于种田，即使住在群山之中，也能将山上山下凡可开垦的地方，都变成整齐的耕地。田多了，放牛的地方就少了，于是放牛的场所，就被移到了离村寨更远、坡度更陡更险的山上。鉴于环境的差异，居所在平畴之地的苗家，都喂水牛，而居所在山区的畲族，则喜欢养

放牛乐

黄牛。水牛肥硕体笨，不宜山区喂养，而黄牛身轻便捷，爬坡上岭如履平地，所以深得畲族的喜爱。畲族养牛有三种方式，一是散养，二是圈养，三是纵牧。散养以户为单位，家人定时牵牛就近觅食；圈养是家里劳动力不足的时候采用的一种方式，由人将牛圈起来喂饲，牛儿缺少活动；纵牧指除耕地而外，牛圈被就地筑在山上，牛儿在山上自由活动，白天吃草，晚间自动回圈。直到主家需要了，这才上山牵回。此外还有一种形式，名叫"牛班"。即每户轮班，集中放牧。而这，正是孩子们假期最喜欢的活路，尤其寒假。那时节春还没到，冬日轻寒灰霾里，田野枯黄薄绿，正是放牧的好季节。这时候，孩子们把牛赶进山坳后，生火游戏，有吃有玩，烧红薯，烤糍粑，女孩玩"跳海"，男孩踩高跷斗鸡、砍刀把、打耗子棒，玩到天昏地暗，吃到唇乌齿黑了，这才吆牛上路，快乐回家。

当然了，大季小季，春耕秋犁，是一年中牛儿最忙最累的两个季节。除此而外，牛儿都可悠闲吃草，无关其他。因为牛是畲家的宝，是山民的半份家当，所以在畲族的日常生活中，牛的地位极高。除精心喂养外，无论多忙，每一年的农历四月八这天，都要让"牛"放假，为牛"喊魂"，给牛"过生日"。

在他们的传说中，农历"四月八"很有来历。据说东家人的始祖神报然洽然开天辟地造人后，见世上种出的粮食总是不够吃，人间长期闹饥荒，便派天上的牛神下凡，告诉人们生产要有计划，吃饭要节约，要求人们每天只吃一餐饭。谁知牛神健忘，下到人间宣布政策时，竟把一天一餐饭说成了一天三餐饭。这样一来，本就入不敷出的粮食，就更捉襟见肘了。那年的四月八日，恰是报然洽然下界视察的时候，他见老牛成事不足反添乱，很生气地说："你既然这样讲了，就一定要努力做到，让人们不再挨饿。"于是他罚牛下界，替人拉犁劳动，以保证人们"一日三餐"的粮食供应。从此，牛儿为人们勤奋耕作，不讲待遇，更不惜力气，帮助人解决了吃饭问题，也得到了人们真诚的感谢。于是，畲族把牛下凡的四月八日定为牛神在人间的生日。畲族认为，牛在人间待久了，每逢它下凡的日子，就难免会想念天上，所以四月八这天，要趁牛魂还没上天，赶紧把它喊回来。于是每逢农历四月八日，畲族家家户户都要按规矩"喊牛魂"。

"四月八"乐趣多

　　喊牛魂时，长辈一大早起来就要叮嘱孩子们："今天是牛王的生日，我们要'忌牛脚'，要早早领它出去吃'露水草'，然后割芭茅嫩草，煮玉米，铡青草，和米糠喂它。这一天不许用棍棒打牛，不许用石块砸牛，更不能用脏话骂牛。"长辈教训完孩子们后，拿出早已备妥的鸡（鸭）一只、"刀头"一块，站在牛圈门前，开始喊牛魂："牛魂快回来，牛魂快回来，牛魂回家来。太阳落山了，你该回来了，年头年尾了，你该回来了。牛魂啊，你回圈里来，从你坐的地方来，从你睡的地方来，从你站的地方来，从你打架的地方来，从你玩耍的地方来。牛魂啊，从你吃草的地方来，从你玩水的地方来，从你喝过水的沟边来。牛魂回家来，粮食来喂你，糯谷来喂你，盐巴来喂你，圈神来护你，家神来护你。最嫩的芭茅草给你吃，最香甜的玉米给你吃。"

　　在喊牛魂的过程中，喊魂者先历数牛的功劳，再指出它在外巡游的危险，表达人们的感激，然后，主家开始抚慰它、召唤它。"喊魂词"

念完时，鬼师便马上用芭茅草在牛圈四周的墙壁上扫刷，再退到圈外，杀鸡宰鸭，烧钱化纸，将血点在圈门上、圈板上，最后再说一句颂词："牛魂回来了，祝贺主家大吉大利！"喊牛魂到此便告结束。

　　畲族认为照顾好了牛，也就等于保证了一半的家当不受损害。所以，人们对牛的关照非常精心。每年秋收，家家都要将禾稻的秸秆晾干藏好，使其不受潮不霉变，作牛儿冬天的主粮。冬后，尤其是雪天，要将秸秆用铡刀细切，喷洒盐水作粗粮投放，让牛细嚼慢咽；从河边担水烧至温热，再给牛喝；有的人家，还将玉米熬成糊糊，掺上米汤，撒些白糖，为牛补充热量。此外，主家担心牛长久不动骨骼软化，还在无雪的傍晚，牵牛外出巡游，这叫"游脚杆"；十天半月，用特制的筐子为它刮虱子；若是水牛，每逢炎热的夏天，还要每天牵去洗澡。

　　一句"牧童归来骑牛背，短笛无腔信口吹"，就写尽了人与牛的亲近。

　　关于牛是护佑人的功臣，贵州畲族还有一个传说。说是远古的时候人与雷斗，雷公先发大水，后烧大火，将人间的一切粮食种子毁损殆尽。争斗到最后，人死了，剩下的一双儿女，只好隔了波涛滚滚的天河，看着雷公家晒坝上金灿灿的稻谷叹气。

　　然而叹气不是出路，要活下去，就要想办法。于是兄妹俩就想出到天上的雷公家去"偷种子"的方法。可是兄妹俩年少力弱，渡不过

● 放牛乐

宽广的天河，怎么办？他俩想到了身边的鸡狗猪牛。会飞的鸡先飞过去，见了粮食，不管三七二十一埋头就吃。雷公见了来赶，鸡又飞了回来，饱了自己，一事无成；会游泳的狗、猪、牛见了，一齐下水游过去，趁雷公不备，一身湿漉漉的它们在晒坝上打滚。晒米的人见了，挥舞响篙（一种吓唬鸡鸭的竹制品）赶来，猪、牛、狗立即跑出大院，滚入天河，向人间游去。牛见天河里水深浪大，知道护种艰难，便刻意殿后，让狗坐上它的肩头，死命将头和尾高高地露出水面。当它们回到人间的时候，猪、牛身上粘的种子都被河水冲光了，只在狗的耳朵与尾巴上，还黏着几粒。人见了欢喜，就当场论功行赏说：此后狗与人一样吃白饭，牛吃秸秆，猪吃糠壳，鸡呢，就待在旁边，捡些漏在地上的饭粒吧。据说，人之所以安排牛吃秸秆，是因为它的饭量大，而庄稼的秸秆最多，属于照顾性质。但是鸡自认也尽力了，却得不到狗的待遇，很是不服，所以往往趁狗不注意，就去偷吃。狗很生气，于是见鸡就咬。直到现在，几千年过去了，狗尾巴上翘的姿势与见鸡就咬的习惯一直都没改变。

● 青蓝之上的美丽 ●

　　畲族世居高山之上，崇敬凤凰，服装上绣上鹰、鹞羽翼之花纹图案，其女装名为"凤凰衣"。古歌《十二个龙蛋》载，畲族创世神报洽然洽请鹰、鹞孵"龙蛋"时，鹰、鹞将"龙蛋"与自己的蛋混孵。鹰蛋、鹞蛋的孵化仅需七七四十九天；龙蛋多孵了四十零六天。在守候的日子里，报洽然洽开始为人设计衣裳。正拿不定主意时，看到刚孵化出来的鹰、鹞幼崽羽毛，顿时来了灵感，抱出鹞崽来，详看鹞崽的羽毛，犹如百褶裙；详看鹰的身上衣，如同一张围腰布。"原来，这就是我畲家的百褶裙；原来，这就是我畲家的围腰布。"

　　雄鹰与猛鹞，都是生活在山区高空的猛禽。它们翱翔天空，筑巢危崖。鹞翻鹰击，快似闪电。熟悉它们的人都知道，鹰羽通身黑亮，具备一种威严的高贵气质；鹞毛黑灰，间以白色条纹，美而不艳，华而不俗，自有一种端庄风范。这一点，与学者黄向春关于广东畲族服装属于古东夷"尚黑崇拜"的遗存，有异曲同工之妙。畲族女装分平装与盛装两种。盛装俗称"凤凰装"，由银首饰、蜡染头巾、花袖衣、滚绣花腰带、蜡染绑腿、绣花船型鹰嘴翘鼻鞋、百褶裙及大裆裤等组成。一般来说，银首饰含银簪、大小花、围髻银叶、耳坠、项圈、牙签、银链、手镯、戒指、胸前月牙牌等。蜡染头巾长六尺，宽一尺，浅白底色蜡染蓝花，红绿二色滚边镶绣，两端缀红色缨须，流苏悬垂一尺多长，遍坠绿珠。未婚女性独辫盘头顶，已婚女性则挽发成髻，上覆蜡染头巾。但用蜡染头巾包头时，头巾中间的碗底团花须当于顶部置放，头巾两端周复缠绕，使缨须自然展开后，形如凤凰羽翼模样。花袖衣为藏青色，无领，两幅（俗称"和尚衣"），前襟左衽右盖至腋下，后幅过臀。袖口花边长八寸，前蜡染后刺绣，各长四寸，平行双边，图案花色映衬，自然醒目。靠近袖口的蜡染，前部为白底兰花，中部为茶花，上下均为寿字腊梅花，刺绣为红底，用蓝、绿、紫、黄、棕五色丝线编绣蝴蝶花鸟，取"鸟语花香"之意，蜡染、刺绣之间的空隙，以三道红杠夹隔黑、蓝、紫、绿、红五色犬牙花瓣，而在袖口、衣摆及襟边，挑绣红、白两道杠。领口、襟边与衣摆上有同样的刺绣花纹，映衬着通身的蓝底，艳而不妖，活而不乱，使整套女装显出了端庄与高雅的味道。

　　此外，腰带、裹脚布、船型鹰嘴翘鼻鞋等也是畲族女装的重要组成部分。其中，腰带系土锦织就，青蓝色，宽一尺，长一丈二尺，两端缨须流苏长五寸，腰后作结，剩余部分自然垂下，摇曳生姿，形如凤凰尾翼；大裆裤为藏青色，裤口宽一尺二寸，边沿滚绣二寸挑花彩带，中杂菱形白果花与"井"字花格；蜡染白裹腿，为白底蓝花，长一丈二尺，由踝环缠至膝，显得清爽而干练；船形鹰嘴翘鼻鞋，

● ·························
肩铃及背饰

贵州畲族男女服饰

围腰刺绣牡丹图

裤脚上的绣片

梯形绣片

鞋体呈船形，鞋尖钩鼻上翘，形如鹰嘴，翘鼻部滚绣挑花，鞋帮图案以红、绿二色挑绣。畲族女盛装通常三件、四件或六件为一套。套件内短外长，花边层层露出，称"滴水衣"。这既是嫁衣、盛典着装，也是死后殓棺必着的"寿衣"。所以做工繁琐、精致，备受女子珍爱。一般都妥为收藏，非重大场合轻易不用。

畲族妇女平时的穿着又是怎样的呢？畲族妇女的平装，由青布包头、花搭帕、绣边蓝衣、围腰与栏杆裤组成。青布包头多为蓝、青色，长一丈二尺，宽一尺二寸，对折四叠，盘覆头上；花搭帕，正方形，长宽各一尺二寸，蓝底，花是红、白、黑三色，间绣银杏花、茶花、石榴花、牡丹花等，搭覆在青蓝包头上面；滚边衣，类似汉族的"父母装"，原为无领，大襟左盖右，覆盖臀部，从右下袖开始，滚绣一道两寸宽的花带至左肩，再沿左肩滚绣至右肩下，圈出"抬肩"，袖口滚绣红绿底花边一道；围腰，挂栓于畲族妇女胸腹间，平胸缀绣等腰梯状图一幅，绣有花草、蜜蜂、蝴蝶等，其下为青蓝布底，不作装饰；栏杆裤，即大脚裤，以裤脚缀绣红、绿底白边三杠得名。畲族妇女着装必用包头。过去，女性无论老幼，不论婚否都如此，除凭借装束辨识身份外，包头也同时标志着身份。已婚妇女头顶挽髻，外罩马尾编织的"髻网子"；未婚姑娘挽独辫于头上，辫梢扎红线，辫盘头顶。女子不论婚否，都会巧用包头，在头顶缠盘成厚高两寸左右的"盘冠"，这是贵州畲族妇女的一道特有标记。

　　童装虽不很抢眼，却也很有味道。畲族童装也是青布蓝底，肩、颈、腕等处有蜡染刺绣，无领、大襟、布扣，衣长及膝，剔除饰物，男女童装并无明显区分。然而若将银饰品与挑花蜡染刺绣连接，女童装立即摇身一变，十分明艳。其中最打眼的是银箍帽、银铃铛与镂空项圈。

　　银箍帽，为女孩专用，帽体呈青色或蓝色，中空，无顶，椭圆形，宽一寸五左右，两耳郭上部稍宽。内衬棉花布套，两耳前合的部分，沿帽密排火焰、水滴状银饰，护住额头；两耳上侧稍宽处，刺绣圆形图案；银制铃铛小而精致，悬坠在肩膀、小腹与手腕处。其中，排悬在腹部的铃铛为单数，十一只，悬接梯形围腰图案下的刺绣彩带，以银链连接；肩部的银铃也为单数，左右各三只，以银链、银牌递接；腕部配饰的，多为三只。在畲族女童饰中，以镂空项圈最为华美，也最为精致，并非家家都具备。

● 绣片披肩

　　畲族的男装，虽也点缀绣装蜡染，却与邻近的苗、瑶等兄弟民族的男装一样，简单朴素。畲族男装的用料，青蓝两色之上另加黑色，衣服分长短两种，长衣名"长衫子"，短衣叫"汗褡"。着装以长衣为正装，属于盛装，须配长腰带，缠包头，专用于节日或重大活动；以"汗褡"为寻常便装，居家劳作极为方便。

　　畲族妇女善织染，日常衣用的布料，

● 鹰嘴船形翘鼻鞋

● ·······················
绣制花背带

无论种棉、纺纱、漂染、织布，还是种蓼蓝制靛，都须经过她们的双手完成。畲族过去家家都有专用于纺纱织布的工具，无论晴雨，只要妇女们得闲，村里嗡嗡的纺纱织布声响成一片。夏秋天气晴好时，畲村的房前屋后，或者村寨附近的沙滩草甸上，都晒着一匹匹土制白布。晒干后，根据需要再定色、漂染与收存。为将织好的布胚染成需要的颜色，贵州畲族普遍种植蓼蓝为染料。每年农历九、十月，稻谷收割之后，人们便在田中广种蓼蓝。四个月后蓼蓝成熟，每亩田地可收四五千斤。现畲族聚居区还留有两个与蓼蓝有关的地名，一是杏山镇青山村的"靛冲"，二是隆昌的古称"翁榜朗"。翁榜朗系畲语音译，"瓮"意为"水"，"榜"即"塘"，"朗"即"蓝色"，连称即"蓝色的水塘"。那么，一向山清水秀的贵州，又怎么出了个"蓝水塘"了呢？——原来，今国道三二〇线隆昌段转省道往丹寨处，有一无名水塘，一直是当地畲族妇女染靛漂洗的所在，久而久之，蓝靛积于水底，把一塘清水映成了蓝色。从前，麻哈一个州官携随从经过，见许多畲家妇女着青蓝装，又在此洗蓝，觉得风情独特，便停步问名。妇女中有略懂汉语的，便随口用畲语应答曰："翁榜朗。"汉官听了，赶紧记录，于是一无名之塘，便成了一地之名。中华人民共和国成立后这里虽更名为"隆昌"了，但周边少数民族，却习惯沿称"翁榜朗"一名，至今未变。

● 畲族村寨里的"名犬" ●

下司犬，畲族称它为"虎须狗"与"白龙犬"。

"拉象"的意思，是"脸嘴上长满了毛的狗"。得名的依据，来源于它根根似针的面须毛。下司犬的脸上、口唇及眼圈周围，都长满了如针似刺的硬毛，面部甚至耳朵上，也长满了类似猪鬃的坚硬长毛，让人基本上看不清它的眉眼，给人一种神秘感与威严感。畲族老猎人称之为"虎须狗"，也因为这个缘故。它又叫"白龙犬"，这名字除了因它浑身雪白扎眼，速度快捷，捕猎奔跑蹦跃矫健如龙，越高山过峡谷快如闪电外，还与一个传说有关。

在以麻江县下司镇为中心区的苗、畲、瑶等族的老一辈猎人中，传说小白龙"下司犬"本是二郎神的座下神獒"哮天犬"，它与梅山兄弟一起，随二郎神建立了许多不世功勋，深得二郎神喜爱。在畲族传说"十二龙蛋"中，畲族始祖神报洽然洽丢弃的六只孵坏的龙蛋，其中一只被丢入河渠水沟，变成了癞蛤蟆。癞蛤蟆看到兄弟姐妹们都成人为神了，不济的也成妖为怪，只有自己被变成了丑而无用的癞蛤蟆，心里很是憋气。在这股怨气的役使下，它潜心修炼，最终变成了

下司犬

下司犬的特点

下司犬相貌威猛，胸部宽阔，脚掌发达，毛白而短、眼皮、鼻口舌皆呈红色，短耳直立，双目炯炯有神，嘴脸多直立硬毛，犹如长针，令人望而生畏。……下司犬聪灵善跑，敦厚忠实，常被训做猎犬、牧鸭犬和看家犬。

妖孽，大量繁殖，并开始危害地方生灵。掌控一方的土地神力战不能胜，只得上报天庭，玉帝令二郎神随观世音菩萨下界，梅山兄弟看家，哮天犬随行。这哮天犬来到古麻哈州东乡下司地界，展眼一看，东起雷公山，西到斗篷山，到处都是呱呱乱叫，狰狞丑恶的妖孽蛤蟆。二郎神抡起三尖两刃刀一路狂挑猛砍；哮天犬也懒得叫唤，一路活剥生吞。但见二郎神的刀刃过处，群山中出现了无数的峰壑沟谷；哮天犬除了一身白毛，口鼻眼耳已被鲜血染红，吞到肚里的蛤蟆太多，鲜血把它的皮肤、肛门也染成了红色。战斗结束后，为防蛤蟆精复活，二郎神摘下战盔当空一压，化为黔东南至黔南的连峰山岭，哮天犬被留下监视，兼作观音菩萨雷公山上莲花座的护法，享受善男信女们的供奉。

　　若干年后，被哮天犬吃到肚子里的蛤蟆精修炼还魂，顺血流转，遍布在哮天犬的体内。蛤蟆精用暗咒迷惑了哮天犬的神性，引诱其破禁乱性，滋生出无穷的欲望来。由此，哮天犬被蛤蟆精操控，暂时忘掉了自己的职责。它妄开杀戒，嗜荤腥，为所欲为，违背了二郎神的命令，也违反了佛家的戒律。二郎神、观音菩萨得知后齐来问罪，讨伐自甘堕落的哮天犬。哮天犬自知在劫难逃，不敢归家，直往荒山野岭乱窜。观音菩萨何等法力？她借一滴净瓶水，托一句佛偈，把蛤蟆精逼出了哮天犬的身体。二郎神眼明手快，手起刀落，斩了蛤蟆精。直到这时，哮天犬才回过神来。但是大错已铸，悔之何及？最后，哮天犬被罚在当地保护群众，不许再回天庭。

　　哮天犬满腹的冤屈无处诉，对自己此前的行为异常悔恨，羞于见人。于是催动法力，在本身雪白的绒毛之外，又长了出了一层坚硬如刺的硬毛，

小下司犬

不仅盖住了自己的头脸，也盖住了此前的形状。人们见了，都称它为"虎须狗"。所以直到现在，正宗下司犬的身上都长有两层毛：一层是贴身的绒毛，一层是人称"蔗秆毛"的钢毛。"虎须狗"自此沉默寡言巡行山野，谨守本分，不分白天黑夜。从此，这"虎须狗"捕猎野兽，均先交到人们面前。没有主人的命令，它决不多看一眼，也不多吃一口。就是打猎时，也只见一道闪电似的白影，很少听到它气势汹汹的吼声，成了孤独的"苦行僧"。

因为这一切系拜蛤蟆精所赐，所以哮天犬恨死了蛤蟆。不管在哪里，只要看到蛤蟆，哮天犬要么正眼儿不看，要么就要咬它一口，踢它一脚，撵它一回，让它不得安生。

畲、苗等族的老猎人说，真正的下司犬放出去是一支箭，狩猎时是一只虎，归家后像一只猫。尤其狩猎时，你只要听草坡里树叶窸窸窣窣的声响，见山岭上林木哗啦啦摇，那就是下司犬在追逐猎物，在与猎物搏斗。下司犬很少开声，它一开声，准是发现了猎物给主人报信，或者是捕获了猎物，告知主人速来收拾。据本地猎人多年的实践和外地狩猎行家的归纳，真正的下司猎犬具备以下优点：胆子大，开声迟，速度快，耐力好，咬口紧，合群性强，与主人配合好。为此，畲族人家，几乎家家都养下司犬。一为看家护院，二是狩猎，三是看守畜群，四是巡山做伴。

犬场出猎

JIAJIE
佳节
存畲风
CUNSHEFENG

女"坐花园"等郎会

畲族的婚恋很浪漫，也很别致。

说他们浪漫，是因为他们自由婚恋不受拘束。而别致，则指结婚时女方只象征性到夫家一下，之后一年，才正式落籍夫家。

每年农历正、二月，正是畲族女子"坐花园"的等郎会佳节。此时，如果你看到附近山头上，有火堆熊熊燃烧，这就说明姑娘们已经坐进了"花园"了。这时你要赶快，否则，那些咿唔在乡道里的芦笙要是抢了先，你就可能又要失去一次机会了。这时游荡在山野之中的青年，没有谁不冲着这些"花园"而来。于是正、二月间的畲乡，火堆远近呼应，芦笙曲此起彼伏，构成了贵州畲乡的正月景致。如果你有意，可随意向邻近的山头走去，这时候，人还没走近，而别人的自嘲歌，已从另一个方向传来：

光棍汉，光棍哥，

自己熬粥自己喝，

自己铺床自己睡，

自己伸腿盖被窝。

男孩子用这样的自嘲试探的时候，姑娘们一般都相视一笑，是不予理睬的。她们此时围坐在火堆旁，或烤糍粑红薯，或纳鞋垫，或自顾自教唱"姊妹歌"。这当然只是一种姿态，目的是借以等待心仪的男孩。姑娘们绝不因为同情，就鲁莽地接过歌头对唱。因为，畲歌是一副魔药，唱着唱着就会融情入景，就会意乱情迷，就会失去判断，所以，若非见人，她们不轻易与谁对唱。但有时遇见不喜欢的男子，她们也唱，却是自顾唱自己的姊妹歌，并不接男生们的腔：

十月姊妹十月间，大风吹落树木叶。

风吹叶落枝还在，姊妹相遇好喜欢。

这样的歌声一起，等于就是信号，心仪的男子远远听了，就知道旁边已有别的男子逗唱，就开始心急难耐了，于是便芦笙嗡嗡、脚步咚咚地跑上坡来，人未见，而歌已先到：

站也焦来坐也焦，手拿长香无处烧；

别人烧香盼富贵，哥我烧香望成双。

熟悉的歌声，熟悉的人，听得出来是久候的那位了，于是姑娘不再沉默，歌声开始嗔怨起来：

昨晚没来为哪般？眼泪汪汪抹不干。

初一望到十五转，等郎不来心好寒。

女方声音未停，男方又接上去：

坐花园

　　畲族青年男女在春节期间进行谈情说爱和社交的活动。每年农历的正月初二至十五日每天下午，只要天气晴朗，寨子上未婚的畲族姑娘都要盛装聚集到寨子宽敞的地方，烧起一堆堆炭火，围坐在一起雕花绣朵，纵情歌唱，等待外寨小伙子们前来对唱陪玩，以便在交往中寻觅心仪的情侣。

● 欢乐的畲族小伙和姑娘

● 畲族女孩

想妹想得病缠身，要吃蚂蚁骨半斤。

灵芝做药没治好，见妹一眼有精神。

男方刚歇，女方忽然又顽皮而诙谐地唱道：

昨晚想哥想得憨，前门后门是我关。

前门用的麻秆抵，后门用的灯草栓。

看到一场歌的大战、情的纠缠就此展开了，先到的男儿也不丧气，讪笑着，又芦笙咿唔、脚步匆匆地下山去，一面寻找别的花园，寻找别的机会，一面自嘲自笑，自逗自乐："哥打单身真吃亏，得碗白米用罐煨；手忙脚乱打破罐，鼻子眼睛都是灰。"一边唱，一边笑，一边吹芦笙，歌声、笑声和芦笙曲调交响在畲民的山区。

当然了，这时出来坐花园游方的，都是未婚青年，换言之，都是合乎身份的人。一般情况下，畲族女子"坐花园"，一坐一天不挪窝，像"铁打的营盘"，像摆擂台的擂主。一拨拨前来的男子，则似流水的兵员，看看有哪枝树杈，自己坐得住；看看哪座深潭，值得自己留下。如果大家相互中意，则就地嬉戏交流，唱一会歌，吃几块粑，说一会话。双方只要一方看不上，就会空拍独巴掌，男方再怎样不舍，也会在善意的逗趣里讪讪地离去，另赶别的"花园"。就这样，女青年可在本村"坐花园"，也可去邻村，男青年则有"此处不留爷，再找留爷处"的态度。

其实这种情况，是古已有之的，《平越直隶州志》写得很明白："凡冬月，苗女子未许人者，衣斑斓衣，提壶箪，相率群游于野。男苗之无妻者，群邀逐之，歌唱以求配。其歌，音节殊可听。大约男女先以目成，始唱歌问答，各述其父母家世及己所能，黠者亦寓以调讽。

女已悦男，则予以巾帨扇物而许嫁之；不悦，则群相揶揄，男子引而去……"这一记录，再现了百年前贵州畲族男女交往的画面，其浪漫的过程与自由的态度，是同时期的汉族女子想都不敢想的。双方见面交心，感觉彼此信赖了，女子可

● ……………………
麻江隆昌四月八盛会

接新娘

以果敢地以"巾帨扇物"相赠，以示"许嫁"之意。得到女方的允诺后，男家这才请媒登门。当然也有不循成规，直接随男子"私奔"的情况，那就要准备承受家族的责罚，对已允婚他嫁的女子，更是苛严。而此刻的"花园"，是没有已婚者的份额的。

但已婚男女也并非就完全被排除在外了。历史上，"四月八"是贵州畲族的岁首节，届时要染乌饭祭祖、祭牛、祭五谷，没有男女青年示好的内容。如今随着社会的进步，"四月八"岁首祭祖的内容逐渐淡化，"坐花园"的内容得到扩展。"四月八"的前后三天，女青年均手持"五色糯米饭"（即乌饭）参加集会，赠与中意的男子，大方地表达好感。男方若有意，便打听女方的情况，随之请媒说合。但这还不是"四月八"的全部，如现在麻江翁榜朗的"四月八"，参与聚群对歌的，多为已婚的中年男女，夫妻即便同场歌唱，只需稍稍避开，彼此并不干涉。据说，在这三天时间里，已婚男女可与旧情人对歌会面，了解彼此的生活现状，也可叙说别后的心路历程。但三天一过，大家又各自回到自己的生活，各安本分了。

当然，女子"坐花园""等郎会"等到意中人了，下一步就是请媒说合。说媒非常直接："亦有媒妁定期。媒牵牛叩门，入一门则置一牛以为礼。必如其门之数，主人乃许。"（《平越直隶州志》）主人许是许了，不过许的只是一个日期。届时，媒人还得抬着礼物来迎亲。这样一来，新妇便可随着迎亲的队伍，去夫家了，谁知到了夫家却仅是"竟至爨所，拭釜甑，汲水盈瓮"，然后悄无声息地，又回了娘家，把新郎晾在了一旁。新郎也不动声色，该喝酒喝酒，该吃肉吃肉。随后"数往妇家潜伏，俟新妇外出，则强与之"。直到新媳妇怀孕生子了，这才正式随丈夫返回。

● 二月架桥"接子孙" ●

以前畲族认为人有病，若非八字有亏，就是鬼怪作祟。但无论怎样，都可禳解。为此，他们将农历二月定为小儿节，替孩子们行善驱鬼，消灾禳病。

畲族民间认为，二月阴气未尽，阳气新生，正是阴阳交感的最好时辰。时间过早，阴寒偏重，不利于"培阳"；时间靠后，阳气偏重，也不利"藏阴"。为此特定农历二月为"小儿节"，为体弱多病、"鬼怪缠身"，或"八字"有亏的孩子消灾祈福，添力助气。常见的形式，一是修桥，二是补路，三是立挡箭牌，四是树指路碑，五是撞名找保爷，六是请鬼师"栽花树"……

农历二月修桥补路，为的是修阴功，积德业。希望通过积阴功获"福报"，用方便别人的方式，来达到给自己带来福报的目的。事实上，这个习俗，与佛教的因果论相关，他们认为人的前世今生，都在"因果"里循环，可通过积"善德"以消恶孽，借"修行"来脱厄运。处在轮回状态中的人，善念越厚，善果多积，福报就越好。并且佛化万方，不管你是谁，在何处，所有的功德罪过，都能被一笔一笔，毫厘不差地记到账上，以便到时清算。

在农历二月修桥补路的人，多系以下三类：婚后多年未生育者；掉水落河遇救而久病者；干支八字欠缺孱弱者。人们认为久婚未育，是因为阴路隔阻，"子息"之路不通所致。解决的办法，是由鬼师掐算时辰，主家依鬼师所言到村寨周围，或指定的某个方向，选一河沟，积木搭桥。桥上彩纸曲虹，每边三条，谓之"彩桥"。桥成之后，由鬼师烧化纸钱，禳解通融。这样做的目的，是祈求早生贵子，早享天伦之乐。如小孩落河掉水遇救，却受惊受寒，久病不愈，那就必须"喊魂"。畲族认为，人有三魂六魄，人受惊吓，魂魄也随之四散，掉水也不例外。即便遇救或自救了，爬出来的也只是肉身，魂魄却还溺在水里面。魂不附体，当然人就会生病，所以但凡有人落水，都要搭"云梯"（视落水处的深浅，"云梯"必须到底），到其落水处"喊魂"，否则，肉身尽管得救了，魂魄却一直漂泊在外，无魂，这人迟早会死掉。

　　普通的喊魂，父母都会。喊魂的人，必由至亲充任，或父母，或公奶，并无一定。但喊魂的时间，必须在落水的当晚入夜之后，交时之前。届时，负责喊魂的人带了孩子，扛着"云梯"，手持三束芭茅草，在夜色中赶往孩子落水处。喊魂者把草捆的"木梯"傍岸伸入水底，架在岸边，起身，左脚剁地三下，然后蹲下身，左手扶"云梯"，一边喊魂，一边慢慢往上提。右手持芭茅草，一边在"云梯"周围轻轻摆动："某某回家啊，某某回家啊。太阳落坡了，四处黑压压，水底冷冰冰，河边凉飕飕，没有东西吃，没有伙伴玩。某某回家啊，某某回家啊。家中炉火红，家中饭菜香。爸妈在等你，姊妹在等你。等你吃晚饭，等你玩游戏。某某回家啊，某某回家啊，这里冷冰冰，家里热乎乎，某某回家啊。"喊魂的人念完喊魂词，"云梯"就恰好被完全抽离水面，这就表示魂魄已被带到岸上了，之后便将"云梯"丢入河中，开始慢慢回撤。依然是边走边喊，边走边用芭茅草往身后摆刷，但不能走回头路，也不能回头看。这时的喊魂词，形式与上面相同，只是内容被换成了岸上的内容。喊魂者耐心地诱导魂魄：天都黑尽了，别在野外玩。外面孤魂野鬼多，外面豺狼虎豹多，还是家中好，有爸妈呵护你，

畲族女童班

有兄弟爱护你，有邻里关心你，有亲戚喜欢你……总之，就是家中样样好，屋外危险多。在他们看来，魂魄可随着一个人长大，人小魂魄也顽皮，就要抬着哄着。用芭茅草摆刷的目的，就是要把跟在后面的孤魂野鬼赶走，以使魂魄不再受到这些阴魂的羁绊和诱惑。

小孩如果身体孱弱，久病不愈，或多方求助无果，鬼师又会从年月日时着手，查证阴阳四柱，找出命相的不足。此举的补救方式，除了用"刀头"、雄鸡，也可行善"消孽"。在畲族看来，如果命相真有亏欠，煞神实在凶猛，也有一法，就是"找保爷"保护。灾煞特别厉害的，除拜托高僧大德，借佛法保命外，有的还用以暴制暴，以恶制恶之法，找刽子手、杀猪匠或横行乡里的恶霸做保爷，等等。有资格做保爷给人"保命"的，要么大德大善，要么大凶大恶，或者八字完善，福厚命好，四柱命硬。此外，也有属相相生、相克或互补的，以为也可以通过互补或帮衬的方式，帮助孩子躲灾避难。但畲族同时也认为，药只医有缘之人，神也只救可救之命。若救治不了，保爷便会说"这不是你命中的崽，而只是哄你高兴，惹你伤悲的花……"大言不惭，装神弄鬼，为自己的无能推脱。

找"保爷"的形式虽然多样，但最常见的，也不过两三种。第一种叫"撞名"。畲族民间的"撞名"，有两种形式。一是在鬼师指定的时间里，背着（或带）孩子，携了提篮，里面装着酒食，外搭毛巾，朝指定的方向行进，遇见的第一个人，便是"保爷"（有的遇动物也可：遇狗叫"狗保"，遇猫叫"猫儿"）。由于被撞到的人通常都不愿意当"保爷"，所以双方遇见时，得先把对方挽住，再说明情况，请求别人给予帮助，以防人家跑掉。接着邀喝两盏水酒，劝吃两筷肉食，以

架花桥

尽礼仪。"保爷"再以自己的姓，为孩子取个名，承认"干父子"关系，从此往来走动。二是在指定的日期内，譬如"牛场天""狗场天"（均有鬼师根据孩子的命相指定），在入户的便道上做好标记（譬如燃起一炷长香），再将孩子

保爷石

的衣物暗扣在门头上，一家人抱着娃娃，把门关了，坐在家中静候，那推开门的一个人，便是"保爷"。等待的时候，一家人也很好奇，也想知道孩子的"保爷"是谁，却不能伏在窗前偷窥。第一个推开房门的若是大人，则孩子随人姓；推门的人如果也是小孩，那就要请他（她）的父亲代取；若是狗，就是"狗儿"或"狗娃"；即便是风吹开了门，也要以风为姓。第二种是指定特定的人。鬼师根据孩子的四柱八字，推定五行生克冲撞，根据生克，刑冲化煞。但"化煞"需要特定的对象，于是出现了不少稀奇古怪的选择：有找杀猪匠的、找姓"万"属水的，或者姓马属马的，等等。第三种则是指定特定的物。鬼师指定要拜石头、树木、水井等，所取的名字，自然就叫水保、木娃或石娃，凡此种种，不一而足。"保爷"是人，名由其取；若是动物，则由主家或鬼师代取。值得说明的是，如果"保爷"是树木、岩石、水井之类，那么除了焚香点烛，通关告祭，还要披红挂彩，鸡豚供奉。仪式一毕，孩子当场叫声"保爷"，从此关系成立，万事大吉。

他们同时也认为，"命中只有八角米，讨遍天下不满升"。每个人的福分都是命定，"保"了别人，定会"亏欠"自己，所以很多人都不太情愿做什么"保爷"。笔者在枧冲、团坡等地采访时听说了两个故事，就很有意思。据说20世纪80年代，碧波乡一杨姓男子放鸭时被人"撞名"，推脱不得，没奈何喝了酒吃了肉，为之取名"各保"，

叫杨各保。意思是虽然喝了你的吃了你的，但我们大家还是"各保各"吧。那家人一听此名，也无法，说"保爷既已取名，那就一切顺利，万事吉昌了"。从此谐音为"郭保"，郭保长，郭保短，一直喊到现在。每当逢年过节，依然前去拜"保爷"，日常照旧走动，不提。另一例，就有点故事性了。说是某寨一小伙很是勤快，一大早去水井边挑水，不巧也遇上了"撞名"。这小伙眼见被人拉住走不脱，便随人安排先喝酒吃肉（象征性地），到为孩子取名时，这小伙说："叔啊，伯啊，为小娃取名是大事呢，名字取好了更是大顺。可是我什么都不懂啊，要不这样，我挑了水，你们跟着去我家，我请我公起来帮你们取？"这家人看他说得有理，又可借机登门，岂有不同意之理？便同行，直到路旁一人家院坝。小伙在院坝中停下来，说"我公还没起床，你们就在外面等候，讲话别大声，以防吵了他，他不高兴。我先进房喊他哈。""撞名"的人不疑是计，连说"极是极是"。谁知这人一进门就没了踪影，"撞名"的人左等不见，右等不见，只得上前拍门。主家开门一看，彼此都不认识，便问何事？"撞名"的人三言两语，说明情况后，主家更是一脸疑惑。说这样吧，就当着你们的面，我把全家人都喊起来，看看有没有你们说的人？当然，哪里会有呢？但人既然是从这儿消失的，总得给人一个说法吧？于是主人又带着"撞名"的人，顺挑水人的线路进去查看：原来这家人的厨房有一侧门，通向村里的联户小道，并且常年不关，以方便寨邻出入。挑水小伙就是利用这一便道，逃之夭夭的。

假如以上的办法都不奏效，民间还有一个办法，就是"栽花树"。"花树"无花，

● ·················
活泼的畲族小孩

鬼师请神

不是树，而是竹，更不栽到土里，而是种在心上，用来陪护孩子的魂灵。若确定"栽花树"，鬼师须先定吉日，届时入竹林，选定一株生长旺相，枝杈整齐的小竹，焚香点烛祭告后取出，备足刀头酒礼，举行请神仪式，求神入位降福。这时，相关人员入位，坐定，根据鬼师的要求进行。法事起前，主家事前根据鬼师给出的条件，找十二个与孩子命相相符，能够提携互补的男人，代表十二太保（鬼师用神时，呼为张太保、康太保、岳太保、孟太保、温太保、铁太保、刘太保、杨太保、韩太保、宋太保、二位王太保），此时，主家带孩子进入堂屋，男左女右进至规定方位坐定，其后置放"花树"，周围由"十二太保"护持，阵势整齐严肃。

　　各项工作就绪后，鬼师便身着道袍，头戴"关扎"，胸挂法号，焚香化纸请神，然后入席端坐。香烟缭绕、明烛高照的祭桌上，摆着卦、令牌与法器（或芭茅草）。只听令牌一起，纸化三张，鬼师便呢呢喃喃念起经文。初听不甚了了，细听竟也分明："南无观世音菩萨，南无佛，南无法，南无音；语无佛，语无法，语无音；语佛语禄，语佛有音；朝念观世音，暮念观世音，念念从心起，念佛不离身。天罗神，

畲寨村巷

地罗神，人离难，难离身，一切灾殃化为尘。"念诵之时，鬼师念一阵，跳一通，吹几声牛角，打一通竹卦，但见道袍飘飘里，芭茅草穿去绕来。肃穆厅堂上，鬼师东旋西盘。诵经毕，声音停，鬼师全神贯注，举手顺起三卦，大喝一声："保人到了么？"环护着孩子的"十二太保"齐声回答："来啦！"问："来此干啥？"答："要保得娃娃身强体壮。上山打得死虎，平地踢得死牛。"问："拿什么保？"答："三片金竹做副卦，卦卦打出顺境来。"话音一停，"十二太保"面向供桌，每人三卦，轮流起卦，力求打出"中平顺卦""阴阳卦""保合卦"三种卦象。这打卦也有技巧，保人若心闲力散，打出的卦就会走样，很难符合要求。卦象一旦不符，就要被鬼师罚酒。罚酒也有讲究，叫做"阴三杯，阳四盏，不阴不阳八大碗"。罚酒的时候，酒肉也已上来了，"太保"可一边喝酒，一边吃肉。轮卦打完，太保们按鬼师吩咐赌酒划拳。这"起拳"也有讲究，就是起前必先"邀"拳（即猜拳前的吉语敬辞），而邀辞也有规定，邀错也罚。按规定，邀辞多是"兄弟好，实在好，好还是兄弟"或"一心敬，二门喜，三发财"之类。如此一来，卦象不合，喝；邀辞唱错，喝；猜拳输了，喝！大家纵横捭阖，各展神技，当然那气氛就越来越热烈，把一个小小的堂屋烘托出"千军万马"的气象来。有那酒量差的人，程序未半，便已大醉。直到卦象全顺，程序完成了，鬼师才又请神进"花树"，用神"栽花树"。把那扎满彩纸的"花树"移入孩子卧房的生旺位，祈求孩子快长快大，快快长成大人。

除"栽花树"而外，畲族为孩子规避灾煞的方法，还有"立指路碑""树挡箭牌""架花桥"等。立指路碑，是行善事，积善德，求善果的行为；而树挡箭牌，即要为孩子禳解"五猖五鬼""阴司勾绞"等恶神。通常情况下，指路碑、挡箭牌都选立在三岔路口处，为陌生人指示路径，替孩子挡住恶鬼们追射的暗箭，换回孩子的健康成长。请神禳解的物品，也如《平越直隶州志》所载，根据主家的家底确定，一般也只用鸡鸭之类，多为主家考虑。据说，畲族民间的扶禄马与"栽花树"，其实都源自竹崇拜。鬼师取竹用神，是想借竹子旺盛的生命力，期望孩子像竹子那样，落地生根，所需不多，便能迅猛生长，日期选在农历"二月二"，也有祈望春至阳生之意。

山间花桥

● "深山鬼房" 祭清明 ●

畲族祭祖除"哈逊""井逊"外，还有"四月八"与中秋节。

设"鬼房"祭祖，是畲族"哈逊"前的一个重要内容。"哈逊"为畲族的大典，每十三年一次，规模较大，气氛凝重，须举族人之力，才能完成。"哈逊"前，畲族要选取村子附近山高林密、人迹罕至的地方建"鬼房"。"鬼房"系独房，为树木穿榫接斗而成，不用钉铆，四壁秸秆绑扎，茅草盖顶，设门，无窗。建造"鬼房"之前，鬼师先卦方位，然后族主率众入山，寻找合适地点。地点定好后，便指定专人负责建造。砍竹伐木，择吉日动土盖房。"鬼房"建好后，便准备雄鸡果酒，画五色鬼幡数幅，鬼师祷告作法，接引祖灵进入五色幡内。民间传言"鬼房"中已住满了亡灵，不论是谁，若没有鬼师的导引，贸然到此，便会被亡灵勾去魂魄，无法救助，所以这一过程必须由鬼师指引。程序完成之后，大家逐次告退。直至"哈逊"结束，人们这才再次来此接引祖灵，与祖鼓一道，前往跳月场，接受子孙们的供奉，参与子孙们的狂欢。在此期间，不许任何人到此喧扰，更不许任何人进入"鬼房"。

有人质疑说，畲族的各房宗支都藏有祖鼓，祖鼓内又都设有祖宗牌位，

挂青添土

祭祀

为何还要另设"鬼房"？针对这种质问，民间有几种说法。一是畲族系迁徙的民族，每一次迁徙，都会有一些家族记忆被中断，导致孙不知祖，家不知源。大祭时，祖先们纷纷赶来了，但有的进不了祖鼓，便只好在村寨周围游荡。这样一来，就容易生灾惹病。建了"鬼

祭神

房"，他们也就有了住处，少来骚扰子孙。二是明代以前，畲族一直"有族无姓"。一些人家虽有父子连名的家族记忆链条，但更多人家的父子连名却经常断档，没有记载，数不周全，自然也就无法照顾到所有的先祖。第三种说法，是说"岁首"、中秋与"井逊"都属小祭，那便罢了，"哈逊"是大祭，必须逐一请祖灵，才能尽到子孙的责任。畲家各宗支虽藏有祖鼓，但都以房族为单位，顾得了近祖，顾不了远祖。现逢大祭，各处的祖先灵魂齐集了，总要找个安静的地方给他们叙旧交流。"哈逊"的时间到了，房族子弟做东，亲戚朋友齐聚，祖鼓被

祭神仪式

挂到跳月场上了，住在"鬼房"里的祖宗魂灵也被鬼师请进祖鼓了，于是宰牛跳月，阖族同欢，人鬼共乐，这样才能得到祖灵的护佑。至于祭祀结束，祖宗离开前，为什么要用汉话大喊："客家人来割尾巴了，请祖宗快走！"就连畲族人自己也说不明白。

　　畲族的记忆出现断裂了，《平越直隶州志》与民国版《麻哈县志》所述的习俗，居然也都失踪了。相隔的时间虽不长，但遗忘得却很彻底——那时举族参与，亲戚共庆，连官府都有记录的节庆，怎么说消失就消失，说没有就没有了呢？关于这，官方的资料没载，畲族的口碑没传，询问他人，更是不能了。逆推《平越直隶州志》的编辑时间，也不过百年。十代以内啊，"哈逊"没有了，"四月八"变异了，中秋节淡化了，"井逊"虽仍零散存在，但已简单到非畲非汉，儒道夹杂了，就是畲族最为核心的文化——导引亡灵回归祖居之地的过程与仪式，过去必须"开东家路"的，现在也可以"开客家路"（汉语）了；过去必须用《开路经》，讲东家话，行东家礼的，现在可以请道师，做道场，行"超度"之法了。原来在"夏首"、中秋祭祖的，现在也都一统到春节、清明了。田野踏访中，同仁调侃说："是不是时代不同了，讲东家话的祖先也会客家话了？"当然不是。有人认为，导致贵州畲族记忆零落，习俗断代的原因，与历史上三次大规模的民族整合有关。这三次整合，一是明洪武年间的"调北征南"；二是清雍正朝的"改土归流"；三是民国时候的一统政策。可以说，这三次着眼于"大一统"的整合，差点儿断送了贵州畲族的文化血脉。

　　明洪武十五年（1382年），平定云贵高原的敌对势力之后，鉴于贵州"地僻处而输粮艰"，一旦有事，就"无粮可打"的实际，朱元璋认为要"备边在足兵，足兵在屯田"，于是令30万雄兵先期进入了贵州，按三七份额作城乡布置。即三成军队驻城市，七成兵力驻农村，实行军屯与民屯。屯军具有双重身份，平时为民，握锄头；战时是兵，舞长枪。无论军屯与民屯，入屯的人须就地落籍。娶妻生子，也是军士，叫做"军户"。贵州《平坝县志》明文具载：洪武间，政府从湖南长沙等地"三丁抽一"填平坝。随后明军征云南，大规模移民120万填云南，贵州道（经凯里、贵阳）为明王朝的"通京大道"，路过的移民大量逃逸，因原籍不可回而就地落户。战争冲乱了民族地区原有的格局，移民又带进了大量汉文化，屯田当地，娶当地女，或入当地户，畲族遭遇了第一次文化交融。清雍正四年至九年（1726～1731年），先后六次在贵州推行"改土归流"政策。由于推行的过程过于血腥，造成了"神焦鬼烂，百里内外咸震号"的局面。"据张广泗后来向朝廷报告，当时焚十四寨，斩首一万七千名，俘虏二万五千余名，获铳四万六千五百条，刀矛弓箭不计其数。"（周春元《贵州古代史》）"改土归流"既是转土官为汉官，又干吗去掳民焚寨？显然，"改土归流"中首当其冲、受害最深的，依然还是当地世居的民族。在此情况下，

贵州明代屯堡

屯堡的来历

屯堡源于明初朱元璋的调北征南事件。明洪武十三年（1380年），云南梁王巴扎剌瓦尔密仍不肯归顺，第二年，朱元璋派大将傅友德和沐英率30万大军征南，经过3个月的战争，击败了梁王的抵抗。经过这次事件，朱元璋认识到了西南稳定的重要性，于是命30万大军就地屯军。这一屯，屯出了悠悠600年的"明代历史活化石"。《安顺府志•风俗志》载："屯军堡子，皆奉洪武敕调北征南……散处屯堡各卫，家人随之至黔。""屯堡人即明代屯军之裔嗣也。"在今天的安顺，许多大家族的族谱，记载均与史料相同。《叶氏家谱》载："自明太祖朱元璋洪武初年被派遣南征……平服叛乱之后……令屯军为民、垦田为生。"在漫长的岁月中，征南大军及家眷带来的各自的文化与当地文化融合，经过600多年的传承、发展和演变，"屯堡文化"因此而形成。

世居民族想不被冲散的确很难。然而这些都只能算是冲击，还不是剥除。有组织、有目的地剥除民族文化特征的行动，是民国三十四至三十六年（1945~1947年）。当时，在国民党"大一统"政策背景下，贵州省主席杨森在全省范围内，动用行政与军事手段，提出"要下最大的决心，不让一个民族有不同的服饰、文字和语言"，"要以快刀斩乱麻的手段，铲除一切民族特征。要在几年之内，使贵州听不到悬殊的语言，看不到奇异的服装，找不到各族相互间的界限……"

真是"屋漏偏逢连夜雨，船破又遇当头风"。本就已日趋式微的贵州世居民族，这下又被置于风雨飘摇中。这样做的后果，是许多世居民族"有族"而无特征。黔东南州麻江县虽有三个布依族乡，却没有一件布依族服装在身上，没有半句布依族话挂在嘴边了。一些同根同宗的房族，有的说苗语，有的说汉话，有的是畲族，有的是他族。虽然现在他们还知道自己是同宗，但只怕再过些时日，到儿子的儿子以后，有关的家世又会忘了。

● 祭祖，对歌，赠乌饭 ●

贵州畲族，不仅是一个敬重祖先的民族，也是一个急公好义、敬重英雄的民族。

农历四月八，是用于祭祖的"岁首节"，也是用于敬牛神、喊牛魂的"牛王节"。这种一日双节、关联人畜的节日，清代以后逐渐有了改变，祭奠的形式和内容都有所变化，原本庄严肃穆的祭祀活动，变为声援英雄、祭奠英雄与追思英雄的聚会和欢乐与享受的节日。

每年的这个时候，麻江县隆昌翁榜朗一带，就变成了歌的天下与激情的海洋。连续前后三天，人们冲着这里的对歌场、斗牛场与饮食一条街而来，来了，就对号入座；来了，就找自己喜欢的内容，未婚男女选对歌场，已婚的中年找饮食街，老年人和孩子则爱斗牛场。

显然，饮食一条街与斗牛是改革开放后应运而生的，并不是"四月八"的传统节目，而情歌对唱，也不是"四月八"的原生内容。据畲族老人们说，古老的"四月八"，畲族先是分户喊牛魂，然后阖族宰牛祭祖，之后，老者喝酒，年轻人就在祭祖场上"跳月"。"跳月"时不舂粑粑，不染乌饭，也不唱歌，姑娘们紧跟在芦笙手的后面，随节奏旋转、踏步、跟进。不跳的人，就一圈圈地围在周围观看与欣赏。

虽然"四月八"染乌饭、唱情歌源自何时已无从查考了，但传说中的根与影，却可以上溯至明朝。明朝时，麻哈州养鹅十三寨造反，朝廷派水西石柱军前来镇压。与石柱军交战的时候，来自下司清水江边的潘引昂勇武异常。官军见力战不能胜，改成智

"牛王节"上的表演

取，派间谍潜入畲族阵营，乘人不备毁坏了许多义军的武器。再战时，义军不能抵御，只好边战边退，一直退到今凯里市的普舍寨，潘引昂最终被擒。官兵抓住潘引昂后，把他押到古镇下司关押，后就地杀害。潘引昂居住的村寨"造挂"（畲语意为"瓜根"），也被官军改名为"杀垮"。官府改名后，别的人都叫这个村寨做"杀垮"，唯有畲族依然称之为"造挂"，以示不忘英雄。潘引昂被杀时，鲜血染红了刑场，人称"红场坝"，沿称至今。潘引昂就义后，畲族群众不舍，将他的遗体抢回，葬在虫蚁坡顶跳月场的附近。每到清明，坟上总有人铲草挂清。直到中华人民共和国成立后，其后人才敢给他树碑。

　　当官军将潘引昂关押在下司的时候，据说附近的畲族群众担心他挨饿，成群结队地提着食物去探望他。但这些食物全都被看守私吞了，他什么也没有吃到。消息传出来，六堡畲族想出了"染乌饭"的办法，把给英雄准备的食物染得一团乌黑。狱卒见米饭乌黑害怕有毒，不敢贪占，米饭这才被转到了英雄的手中。后来狱卒看他吃了也没事，但却嫌脏，所以也就听之任了。官府见吓不住畲族群众，担心夜长梦多，决定就地处斩。行刑时恰逢"四月八"，四乡八寨的畲族群众自发赶去，要为英雄送行，官军见畲族越聚越多，心里发慌，就派出军队驱赶，不许靠近。群众没办法，只得往聚居的方向回撤，聚在翁榜朗下虫蚁坡一带，遥望下司方向送英雄上路。官军来过问时，群众谎称他们在

●··············
乌米饭

这里"跳月""坐花园"，才瞒过了官府。此后，每年的这一天，畲族群众都自发染了乌饭，聚到虫蚁坡，往下司方向抛撒致祭。年长月久，祭奠的味道逐渐淡去，变成了今天的节日。

　　那么，今天的畲族乌米饭是怎么

做的呢?

做乌米饭的第一步,是先到山上采摘枫树叶,洗净、舂烂,然后用温水浸泡,取乌黑的汁水待用;取糯米草一束烧灰,集灰入水浸泡,滤尽渣滓,取灰水待用;取苦李树皮若干,浸水染红,杨梅树皮若干,浸水染红紫色,然后取糯米若干,水浸至饱胀,而后滤干水,阴凉处晾放至微干,待用。第二步,估量各色糯米的多寡,或自己的喜好,将米按色数分摊,五色则五份,四色则四份,逐一用色水搓揉,濡色均匀待用。各色调匀后,稍为搁置,等候颜色透入米粒。蒸煮时,以米粒略微黏手为宜。这时,加水架甑,把染好的糯米一次装入甑中,盖好甑盖。先用猛火,待甑气蒸腾后再换文火,至米香四溢,便停火起甑。待甑里热气稍收,才将饭倒入预备的器物,这时乌米饭才制作完毕。

乌米五色饭,是"四月八"必备的食物。凯里、麻江一带畲族呼为"晌午饭"。赶场与走亲戚时,也要准备。过去畲族过"四月八",大家都吃过"小早饭"(早餐之后,中饭之前)即出门,日落归家,早已前腹贴后背,饿得不行。此后为避免挨饿,人们外出时,都要准备乌米"晌午饭"。但四月八时,姑娘们却不同。她们怀揣的乌米五色饭,其实是自己的"红绣球",一旦交给了谁,也就把自己的选择告诉了谁,是相当浪漫的事情。所以说,"四月八"前后的三天,小伙子一般都不愁没"晌午饭",而姑娘却

制作五色饭

"四月八"家宴

麻江隆昌"四月八"盛况

怕交不出"晌午饭",被人嘲笑。

斗牛是"四月八"另一个重要的内容。斗牛场通常四面缓坡,中间低平,形成天然的看台。老人、小孩与热爱斗牛的人一坐一天,声音喊得嘶哑了,也舍不得挪挪窝。由于"四月八"的影响大,有斗牛表演时周围县市群众也喜欢来,所以不得已,只好开设"流水席"。所谓"流水席",即客人像流水一样的进出,主家则不停地煮饭、烧菜。前面的客人吃完了,后面的客人继续,轮番着上,桌凳不空,人手不闲。如此一来,家里楼上楼下都是客人,晚间睡觉时间都无法保证,不少客人就干脆通宵唱歌,第二天"眯"一小会,又匆匆赶往歌场……

对歌坪常常设在小山坡上,每逢对歌,歌场都花伞连云,形如彩绘。浪涌般的歌声里,处处都是如痴如醉的人,撑着伞,倚着树,三五人一簇。情到深处了,便散入树丛,躲进岩峦,寻一方寸之地,闹里求静,继续交流。有那情投意合的男女,三天未到,便已双双携手,跟才认识的人,走未知的路,踏上了全新的生活旅程。作家吴琪拉达、赵华普在《阿孟东家人的节庆习俗》中说:"在阿孟东家人聚居的村寨,几乎都是女方先跟到男家之后,才举行婚礼的。这样的结合,就再也不履行过去那种请媒人讨亲,吃开口饭等礼节了。"

这当然就有点"赌博"的性质了。遇上诚恳的男子,实际情况与所说相符,接下来的事,就还可以预期;假如遇上舌绽莲花的"谎谎客",

姑娘就不免要受骗上当，以泪泡饭了。黔东南的苗侗地区流行一个故事，说姑娘跟男子回家成婚，却见路越走越窄，山越爬越高，姑娘无奈，只得边哭边问"到了么？"小伙子也幽默，现场打油一首安慰姑娘："妹莫哭，妹莫哭，转个弯弯就到屋。没得哪家吃白饭，家家都是吃苞谷。"

　　然而这种一见钟情就不管不顾的情况，相对于整个会期而言，毕竟是少数。多数姑娘都比较慎重，再喜欢，再合心，也只歌唱言情，给小伙子一团乌米五色饭"当枕头"。假若双方有意，则要继续了解情况，觉得靠谱了，才让小伙请媒说亲。媒人如期到了，双方沿既定的套路，一步一环，把一份摇曳生姿的感情，环环相扣成波澜不惊的生活。若中途悔婚"跟人"，即为"逃婚"。男方感觉蒙羞了，就要上门"讨说法"。所谓的讨说法，其实是邀集亲族"问罪"，轻者教训对方，强逼女方回屋；重者砸房拉牛，打冤家，结血仇。当然了，后两种情况，是浪漫爱情里野蛮的别调，欢乐溪流中的险滩，百不逢一，极为少见。

● 稻田鱼，露水香，纸钱袋 ●

　　畲族的祖源神话《十二只龙蛋》，叙述了畲族始祖神报洽然洽，创造了人，也创造了鬼的全过程。

　　传说报洽然洽请鹰孵化的六只龙蛋，分别孵成了人、雷、龙、虎、蛇、蛙，而请鹞孵化的六个蛋，却"寡"臭成了"坏"蛋，被报洽然洽点化为关煞鬼怪与癞蛤蟆。就此来看，贵州畲族对鬼的理解，是很独特的。

　　在他们对鬼的认知中，除与人一样古老的"原生鬼"外，鬼的来源，还有以下几种类型。一是"在生为人，死后为鬼"。二是人有所爱，凝痴成鬼。人们日常的喜好，会影响到周围的物，使之形成邪魅，并进而为害，如贵州民间的"马郎鬼"。畲族女"坐花园""等郎会"，俗称"玩马郎"。若男女痴求不悟，俗称"花痴"，痴而致死，阴魂不散，就会凝魂为鬼，蛊惑害人。三是"山魈鱼鬼"。畲族民间传说，溺水之魂，常常变化为鱼，把人引入深潭溺毙。深山石树，饱浴日月精华，也能成精作祟。

　　贵州畲族"七月半"的主题，也是事鬼敬神。但在畲族的乡俗文化中，既不知道自己世代传承的鬼节七月半，竟与道家的"中元节祭"、佛家的"盂兰盆节"有这么深的联系，不知道阎罗王每年农历七月初一，打开鬼门关阎罗殿门，放出一批无人奉祀的孤魂野鬼，到阳间来享受供祭。"七月十五，将重关鬼门点卯"之相关传说，不知道因为"中元日，地官降下，定人间善恶"，所以道士们要整夜诵经的古俗。更不知道中原汉族农村的过去，从七月初一日起，除早晚都要供果，供饭，供酒食之外，还要焚香化纸、放河灯之类的民俗……

贵州乡间的"七月半"，习俗与上都不相同，尤其是聚居在黔南、黔东南的畲族。准确地说，"七月半"这天，畲族地区的活动分两个环节：第一个环节为白昼至夜幕降临这一阶段，是全家的节日，这时到稻花田里开田水，抓田鱼，回家祭祖，吃田鱼；第二个环节在月华升空之后，直到子夜露坠，万籁俱静之时，孩子们玩瓜灯，舞香瓜，放河灯，插露水香。

黔东南的稻田鲤鱼，是一道鲜美、大补的美食。到黔东南，招待客人必备的菜肴中，鱼的"上座率"极高。而在黔东南的鱼菜之中，除水底羊、秤杆鱼、花斑马口、角角鱼之外，田鱼最受喜爱。田鱼，顾名思义即放养在稻田里的鱼。贵州畲族栽秧上坎，待秧苗转青后，视水源及田亩情况，适量放养鲤鱼苗，每亩几十上百条不等。水稻扬花抽穗之时，便是田鱼长膘之日。农历七月，稻饱鱼肥，田亩"晒水"了，恰巧又逢"鬼节"，人们抓鱼的兴致更浓。"七月半"一大早，田宽水满的人家开始放水。放田水时，要选方便排水的地方开田缺，

安鱼栅，由小孩看守。家长裤腿高挽，赤膊携篓，进稻田排水。一两个小时之后，田水排干了，田内到处是鱼儿"啪啪"的拍尾声，人们一捞一提，一条条半斤左右的鲤鱼就会被丢出来，孩子们欢笑着，争捕争抓，装入鱼篓……

俗话说："喜鹊欢喜

纸钱窖——"送鬼"

打破蛋，吃鱼没有捉鱼欢。"到
天黑，人们带着满田满坝的欢笑，
点亮了一屋屋热闹的灯火，把一
盘盘美味的鱼肉放到馋涎欲滴的
大家面前。当然了，大快朵颐之
前，人们按规矩要先敬奉祖宗。
敬奉祖宗的鱼，必须首尾完整，
鳍翅周全。摆供的时候，一般都
头内尾外，取"有鱼"坐家，财

放河灯

不外流之意。汉族过节祭祖，先燃香，次供果品糖点，开饭前上酒，
由家长"通请"遍邀祖宗入座享用，再供饭，程序完毕烧化钱纸，而
后阖家开饭。

　　麻江县碧波乡、杏山镇、隆昌村等地传说："七月半，鬼乱窜。"
意思是这一夜的孤魂野鬼很多，小孩子家最好不要深更半夜乱走，免
得出现意外。但传说归传说，晚饭之后，大人们不仅不控制孩子们外出，
反而鼓励孩子们出去活动。孩子们出去提着瓜灯果盏，舞着"香瓜"，
手里还捏着一把点燃了的香，这么一来，不仅不遭鬼欺负，反而会受
到鬼的欢迎：因为畲族认为孩子们手上的香火，就是布施给鬼的金帛
银锭；孩子们手上的瓜灯，也同时照亮了鬼们面前的行程。孩子们巡游、
玩乐的方式很多，一是结伴顺村前的乡道巡游，二是寻一空旷之处舞
香瓜，看星星点点的香在七月半的夜空，变幻出七彩的花样来。瓜灯
用钵盂大的小南瓜制作。从瓜上部的四分之一处切开，掏出瓜瓤，中

部掏几个菱形、
方形或圆形的孔
洞，置入点燃的
蜡烛，使光亮从
四方的孔洞中透
出来，再用铁丝
或线绳兜底，捆
扎结成活套，上
系一根小棍，"瓜
灯"就算制作完

稻田养鱼

● ·····················
"封包"还愿

毕了。

回来的时候，孩子们困了，夜，也已深了。但他们的任务还没完，还必须完成最后一项任务，才能安心地睡。这时候在家门口迎候他们的，除了父母，还有父母为他们准备的"露水香"。插"露水香"，从村道的联户路，到房前屋檐滴水线，沿出行方向纵列、沿晒坝横列密插。插露水香时，也没有什么特别的规定，殷实人家，香满晒坝；中等之家，三列五排；懒散之家，一根不插。"露水香"插完，大人领着孩子们焚化纸钱。焚纸化钱时，有一种很特别的"钱袋"，按书信的格式，注明收件人姓字，寄件人姓名，叫做"封包"。封包内装三九沓纸钱不等，专送至亲新逝的人，或之前曾许愿，现在要兑现给鬼。据说像这样的封袋，即使焚化了，别的鬼也不敢贪占，是可以直达收件人府上的。畲族人，烧纸化钱也有讲究：一要三张一沓焚化，二要正面朝上反面朝下，三是不许把已焚化的灰烬打散揉碎，等等。

乡间所谓的"露水香"，顾名思义，即要烧插在露水起前。至于为什么，人们都只说是古代传下来的，并不明白缘由。后遇一畲族的"鬼师"，这才道出了原委。说是沿门前到入户路口将"露水香"插完，便形成了靓丽堂皇的香的巷道，这时候让孩子们从香火辉煌的巷道进入家门，让祖宗们看到子孙后代的繁荣昌盛，寓意人烟繁庶，"香火鼎盛"。另外，每年农历七月十五，游荡在世间的鬼魂重回阴间，只有让他们都吃饱喝足了，才不记挂阳间的人与事，少给人们添乱找麻烦。为此，"七月半"时，畲族家家都要祭祖，在门外焚香点烛，既供回程的祖灵顺手取用，也供"进不了家的亡魂享受"。但是鬼师又说，供奉也不可太殷勤，否则"烧香惯了鬼"，鬼们"得吃惯，走路烂"，就会惹来无穷无尽的麻烦。于是有人据此认为，露水一起逢子时，而子时阴阳交感，恰值夜深人静，正是孤魂野鬼四处游荡之时，人们烧插"露水香"，不会是因为惧怕厉鬼而谋求心安的吧？

● 温馨"送瓜"选中秋 ●

在畲族的传统中，中秋是一个隆重的节日，城乡都普遍举行贺仪，欢庆、享受这个日子。"富家结锦台钳，民间争占酒楼"。就是贫乏之家，也要"解衣市酒，勉强迎观"，设法热热闹闹过中秋。而在畲族乡间，酒是现成的，搬开酒瓮的盖就是；菜也是现成的，抓一只鸡尽够。然后借凉风习习的门外晒坝，指天邀月，当堂剧饮，微醺了，可卸去板凳，随意蹲踞，也可赤膊猜拳，大呼小叫，为中秋增加许多别出心裁的新鲜内容。但是这些率性之事，都不是畲族中秋的承传内容，如今还具承传性的，有"月亮粑"、"偷中秋"与"送瓜崽"等几种。

农历八月，新米尚未全熟，而早稻已成，可以取来"尝新"了。畲族重祭，就是"春猎于山"捕获的鸟雀，也要先敬奉了祖先，才可品尝，何况新稻？但此刻的糯米糍粑，却只专门供奉月亮神。改革开放前，月饼是很稀罕的，稍富的农家，用来供奉的也只有饼干、水果糖。

姊妹送瓜

由于物资匮乏，农家小孩连饼干也难得一见。

供奉月亮神前，必先将庭院洒扫干净了，才在门前院坝选那开阔当月的所在，摆上洗抹干净之方桌，备香斗，搭桌布。香斗就是民间盛米的"升子"，装满米，上插三只土香，香斗之后的桌子中部，摆碗碟二只或四只，视祭品多寡而定，一只装糯米糍粑，一只装糖点，一只装水果，一只装饼干。供品少的人家，就三炷香，几块饼。敬奉月神时，主家也未必都会四言八句，只笼统地祝祷几句："月亮出来亮堂堂，果品敬奉请来尝。新米新做糍粑饭，保佑我家得安康。"便算已尽到了责任。过了一会，便焚香化纸，程序至此结束。改革开放后，有的地方开始兴起回娘家过节的习惯。伴手的礼物是新米做成的糯米糍粑，要请丈母娘"尝新"。

传说一女婿家贫，丈母娘又嫌贫爱富，这女婿除糯米糍粑之外，觉得其他礼信单薄，拿不出手，于是路上顺手抓了一只别人家的鸡。酒酣耳热之后，一家人趁着明月对歌，女婿老实笨拙，又喝酒过量，想临时改编一首歌曲来搞笑，显摆自己，活跃气氛，不料却道出了自己的"罪行"：

水稻秋熟

八月十五中秋节，丈母娘家去过节。

一手提着糯米糍粑，一手提着老母鸡。

丈母娘哎，莫生气！——

糯米糍粑，是劳动所得，

老母鸡，

是偷来的……

　　尽管畲族地区有"八月中秋，乱得乱偷"的习俗，但仅限于小孩娱乐。女婿此举，当然已经出格，理应受到责罚。然而丈母娘一家欢乐正浓，谁知真假？当然也就只是当作笑话了。中秋寓意团圆，本来是比较严肃的节日。但在畲族村落，却被游戏与祈福替换，并让位于孩子，让位于快乐，成了亲和的节日。

　　其实这种真实的记忆，也是畲族古已有之的快乐。古时的畲族小孩，可以"连宵嬉戏"，似乎比今日更甚。至于嬉戏什么，怎样嬉戏，记录没说，我们也不好随意猜测。当然也不用猜测，如今依然盛行的"偷中秋"，就是以"习俗"的名义做非法的事情，是小孩很喜爱的一个游戏。在这个活动中，可以出格地玩，也可以随心所欲地吃。但"偷"的对象，只限于田园中的时鲜瓜果，不能作奸犯科。"偷"得手，就预示来年心明眼亮；被"偷"的人家，也预示着百事百顺。可以说，这是一个偷者快乐，被偷者高兴的事情，当然就不会出现骂街、问罪等情况。孔乙己说"窃书不算偷"，属于一厢情愿的自我开脱，而畲族乡间的"窃瓜不能算偷"，却是彼此都认可的快乐游戏。

　　入夜月明，酒饱饭足，孩

愉悦的瞬间

子们开始呼朋唤友了。带着兴奋与期冀，也带着些离经叛道的冲动，"游戏"开始了。第一个上演的节目，是"偷"供桌上的祭品。谁家打了糍粑，谁家开始上供了……小孩们的"情报系统"高速运转着。既然是"偷"，那就必须遵守"偷道"，不能让人"发现"。大人都是打小过来的，自然心里明白，所以就尽量地给小家伙们创造得逞的机会。从这个角度看，大人，不，连被"偷"的人家，其实都是"同谋"。此时，小子们已抢在主家上祭前，预先"埋伏"在院坝篱笆的阴影中，或者牛圈的某个犄角里，待主家上完香，转身去端祭品时，老鼠一样钻到供桌底下，自以为得计。其实主家早瞧见了，却装作没瞧见。见桌上的祭品没了，还假做奇怪状，说："咦，月亮神来吃祭品了呢！"有那忍不住的孩子，就"扑哧"一声喷出笑来。大伙见露馅，就一窝蜂飞跑出去，在远处肆无忌惮地笑岔了气。

于孩子们而言，享受过程重要，吃食并不重要。过程既不可得，东西自然无味，于是祭品"偷"不成，转而"偷"瓜果，第二项活动开幕了。

农历八月，时鲜的果品已不多，零星在田园里的不过地瓜、八月

中秋打糍粑

黄（一种李子）、橙子、橘子几类。

地瓜长在泥土中，孩子们捋着地瓜藤便拔，往往藤被拔断了，地瓜依然埋在泥土里面，只把地上弄成了一片狼藉。主人看到这种境况，免不了就要生气。但生气也只是生闷气，也没法，便回家提来锄头，将地瓜全数挖回。笔者的一位朋友在畲族聚居区长大，非常熟悉这种风俗。他给我说了自己的一段经历。

"恰如你说的，小伙伴们结伴去偷毛豆角（黄豆尚未长成硬粒。水煮至熟，极好吃）。农村的黄豆，都种在远离人家的山边，月光下的山林翁翁郁郁，本就有些吓人。我们一边进山，一边摆鬼故事，越摆人就越往中间挤。好容易到了，不巧一团云来，地上顿时模糊一片。有那已经得手了的，拿着一束黄豆角，冷不丁地喊一声：妈呀，鬼来了，快跑！正聚精会神找豆角的人，顿时溃成了一群慌乱的'逃兵'。摔了好几跤，这才跑到山下，不但手里的毛豆角丢了，衣裳一片脏乱，头上手上，还多了一些伤口……当时我见豆角丢了，手又被划伤，还被同伴奚落，怎会甘心？便顺手摘了个硕大的南瓜，扛回家去。当时的想法，是你们有毛豆角，我有大南瓜，反正不亏。谁知到了家，母亲见了，问明在哪里摘的之后，便吩咐将瓜放在门外的屋檐下，安排我洗手洗脸，上床睡觉。第二天，天刚蒙蒙亮，就被母亲喊醒，说你昨晚摘的大南瓜，是隔壁二婶家的。我刚才听见她家的开门声了，你快扛了去还。我很奇怪，就问她：不是说八月中秋，可以乱偷的吗？一向和善的母亲竟然生气了，说你怎么这么不懂事！你以为什么都可以拿，可以偷，是吗？说罢不由分说，提了南瓜，拉着我，就去找二婶认错。二婶听说了，呵呵大笑说，那是我特意留着的瓜种呢，晚夜黑咕隆咚的，你竟找到了，好眼力呢。说笑一阵，忽然萌生了一种心无芥蒂的轻松。"

其实，八月十五当夜并非不能偷南瓜，而是看偷者是谁，为谁而偷。只不过，贵州畲族八月十五偷南瓜，早超出了娱乐的范围。它的名字叫"送瓜崽"，属于一种真正民间的祈愿，参加的不仅都是成年人，而且以平日关系好的近亲族支为主体。并且这瓜崽也不随便送，而是送给成婚虽久，却未生育子女的人家。

XIANGSU
乡俗
撼心魂
HANXINHUN

● 满纸人情说待客 ●

"客你来到对门坡，我在家中转啰啰……"

贵州畲族非常好客，有客到来，必倾力招待，常说"一年的财主当不了，一天的财主可以当"。若前去的是贵客好友，还要招集近支亲族相陪。上面的这首山歌描摹的情景，就是主人见客人已到对山了，家中贫困，不知用什么招待的惶急场面。

一般情况下，畲族做客的时间，多安排在农闲。农历的冬、腊月和正、二月间，便是一年中走亲访友的"大忙"季节。

农闲的时候，畲族人家对平日疏于见面，却又时时惦记的爷娘叔伯、姑姨老表等，要设法走走看看，拉拉手、叙叙旧，借以巩固、维系或修复多年的亲情与友情。老人如果不便出门，也要派遣儿孙辈，到内亲或指定的亲戚家走动，表达问候，诚邀回访，加强联络。

　　客人来了，备办酒食只是形式，沟通才是目的，重点在"娱客"。为了这一目的，主人家除备办饭食，备办美酒外，更要注意营造氛围。所谓"无酒不成礼仪"。来客若为成年男性，则猜拳饮酒；若为女客，则欢歌酬唱；来客若年轻，则男来女陪，女来男陪。整个陪客过程，讲究高起高接，低起低接。听歌听音，听话听声，先唱迎客歌，再敬迎宾酒……歌声一起，就一直乐陶陶到天明，想停也停不住。

　　从迎客之初开始，到送客返程结束，大致分为迎客、飨客、酬答、送别四个阶段。由于主家人热情贴心，环节安排张弛有致，程序递进井然有序，可以用周到、热情、温馨来形容，也可以用以情动人、以情留人来定位，是一种如今已经罕见，颇具古风的乡间"礼数"。

　　再看做客。畲族做客时，一要整洁出门，二要捎带"手信"，三要礼貌文明。

　　整洁出门，礼貌归家，是走亲访友的前提。一般的畲族家庭，都

六堡畲寨一角

视衣帽不整为有损家族形象的行为，因而不允许晚辈邋里邋遢地出行。在畲族看来，平日的衣服，可以不新，但要穿戴干净；可以破旧，但应缝补整齐。一旦赶场或走亲戚，更要留意。用他们的说法就是"即使破在家里，也要鲜在外面"。

叩亲戚家门之前，须检查衣冠，与亲戚见面之后，要时时注意礼节。首先是问好。见面时，要抢先热情称呼，让主家感受你对他们的尊敬。一般要以低于对方的辈分尊称对方（未婚者除外）。平辈之间，也忌直呼其名。对长辈的称呼要恭敬，对同辈的称呼要亲热，对晚辈的称呼要关爱。对小辈、晚辈，则呼名不呼姓（多呼小名，可外加一些表示亲昵的动作）。尤其小辈来见，年长者应有礼物相赠，不计多寡，而在有礼，俗称"打发"。

向前来迎接的人递交礼物时，对方若系长辈，自己应躬身含笑，双手奉上，以示恭敬。若挺胸拔背，或者大大咧咧，会被对方视为"没教养""少家教"，进家或就餐时，要知道礼让"两先"（长辈先、主家先）。进食时，讲究"酒吃人情，肉吃味道"，忌讳肆无忌惮，大嚼快咽。一般来说，进家时，如果主人年纪大或辈分高，则一定要礼让，等他先进家或先举筷。进餐时，主人邀菜邀酒后，客人适时回邀回敬，也要从长辈开始，俗称"借花献佛"，但切忌筷头对人。酒饱饭足了，要虚请告饱，说声"各位慢请"，才能放下碗筷，这叫"谢席"。

日常生活中，畲族的人亲来往对"手信"很重视，民间所谓"空手进门，狗都不闻"。"手信"多寡不重要，重要的是，"手信"代表了一种态度，表示着一种心意。至于"手信"的

乌米饭

畲家美食

轻重，则视自家的经济实力及对方的身份地位而定。这里说的"身份地位"，不特指主家的实力，而主要指辈分的高低、人情的亲疏、关系的远近。重礼、大礼因人而异，常规情况的走动，不外糖果糕点一类。

"手信"即手礼，指凡登门拜访，必须准备些礼品，见面时呈上，以示对主家的尊重。主人家一边致谢，一边双手接过，将之放在显要位置，以示对客人的尊重，切忌随手胡放乱置。随手放置即为轻慢，可能会让人误解，引起客人的不快。告辞时，要对主家的热情招待表示感谢，并回请对方得便时来家做客。

老亲戚到来时，往往动静较大，客人一到院外，就会扬声"招呼"。表面客气的招呼，实质却是"报号"，其目的是告知主家，以便主家开门迎接。当然，老亲戚到了，主家岂有不接之理？不管有没有准备，有没有饭菜，赶紧出门，先将客人迎请进屋了，再嘘寒问暖。

迎接客人时，不论来者是谁，都要面含微笑，以示欢迎。如来者是长辈，或年纪较大的人，则须配以客气谦恭的肢体语言（如急忙趋前半步，伸手搀扶）。来者扬声招呼之后，出门接客要迅速，尽量做到闻声即动。出门时，若客人已登上屋前台阶或已伸手敲门，就算失礼了，这时候就须一面迎客，一面检讨谢罪，以求得理解与原谅。但不管哪种情况，主人家的人都应跟在家主的后面出迎，以示对客人的尊重。来者若是小辈或年轻人，就没有这么多礼数，他们可以一边叫喊，一边敲门，程序简单得多。

　　客人进家后，主人家第一件事是让座。待客处无论冬夏，一般都在火塘旁。客人进家后，多选择把客人安排在靠窗的左首坐定，主客方可按顺序落座。之后男主人敬烟，女主人献茶（讲礼的人家，还打来清水，将帕子叠在盆边，请客人擦手、洗脸），这才正式叙话。家长在主宾寒暄后均先告退一会，先去备菜，之后交给在厨房忙活的妇女，才又回来陪客。一般情况下，不管家底如何，客人为大，都要倾力招待，这是贵州畲族日常家居的惯例。如果恰逢正、二月间，主菜多为蒜薹炒腊肉或土鸡、鲜鱼火锅。若逢农忙，那就不论，一锅酸辣菜，也可招待客人，不算轻慢。但是，若来客年事已高，那么再忙也要停下手来，设法隆重招待，不废尊老的礼节。

　　菜肴备办齐整以后，该飨客了，大家先饮酒，后吃饭。畲家说这酒席上吃饭，不为充饥而为"盖酒"，以防喝到肚里的酒"翻上来"。畲族饮酒时，先取大碗排在一起，挨个斟满酒，大家无异议后，长者先取，这才依次伸手取要。待主家发话，然后一起端杯，向长者致敬。三杯

● ‥‥‥‥‥‥‥‥‥‥
乡情闲叙

过后，大家轮流劝饮，把气氛推向高潮。通常情况下，畲族喝酒不用盅、杯，而用大土碗，且均以坛、桶为计量单位。酒是农家用红薯、玉米、高粱、糯米等酿制的，随取随用。喝酒时，酒坛（桶）就放在主家或庄家的身旁，确保随喝随有。有的人家，干脆在楼上置一装满酒的大瓮，用水管连接了，将龙头固定在火塘边主人的座位旁，不管来多少客人，都能保证随喝随有，随取随用。

酒酣耳热，情绪起来了，猜拳的热度开始上升，声音一浪高过一浪，从开始时的礼貌试探，到双方斗智斗勇的酒量比拼，再到胡言乱语与垂首无言。这种比拼，一般都以主人提议始，客人醉酒终。

期间饶有趣味的，除了邀拳，还有猜拳时不同的语音尾嵌。邀拳时，须竖起拇指向对方"凤凰三点头"，口呼吉言称颂，以示尊敬。一般情况下，多用"弟兄好，实在好，好还是弟兄"起头。假如对方年长，或辈分较高，还需加入恭敬的词语，如"一心敬您，二门二喜"之类。比拼酒量虽无大小，但酒桌之上有高低，含糊不得。至于酒令后面的缀词，那就根据个人喜好，只要不低级下流，也都招人喜爱。老实的人爱说"五子登科""八方来财"等，无不中规中矩；活泼的人就不拘一格，上句刚"一只蛤蟆跳"，下句就跟"五指不一样齐"，非常怪异搞笑。

在畲族乡间，外出做客还应注意一件事情，那就是"添饭"。畲族人家为表示对客人尊重，常安排专人为客人添饭，任务多由女主人或儿辈来承担。孩子如果也同桌吃饭，则必须一边吃饭，一边留心客人，要及时立候在客人身后，礼貌地为其盛饭。但来客如果是青年的话，那么盛饭的主角则多为姑娘。这时候，盛饭很容易变成捉弄人的"惩罚"。前来相陪的姑娘们，会在饭里藏肥肉，埋辣椒面或盐巴，把小伙子"整"得左右为难，出尽洋相。值得一提的是，有的畲族姑娘还会"飞碗盖饭"的绝活。隔着酒桌，"呼"的一声，便将一碗米饭不偏不倚地扣入你的碗中，让本已吃饱，正准备谢席的你，看着碗里的饭愁眉苦脸，无可奈何。

在席上，喝酒的方式除了猜拳，还有对歌。畲族待客时常唱的歌，除了正儿八经的祝酒歌外，还有抬爱歌、姊妹歌或盘歌。歌的曲调、种类虽多，但唱的内容却因人而异，不能不看对象，更不能胡编乱唱。通常情况下，祝酒歌专用于酒席酬答；姊妹歌为女客专用；情歌虽为青年人设置，却未必就只青年人专用，如一群唱姊妹歌的人，唱着唱着，也可能转成了情歌。

　　酒饱饭足，要谢席了，也有讲究。告退时，不能悄无声息地搁碗撂筷，抹嘴走人，而要注意礼节。一是将筷子微搭碗边，双手微抬，向主家行注目礼的同时，赞扬饭食的可口，感谢主家的盛情；二是向在座的人们表示歉意，请他们"慢用"；三是将碗筷放于面前，或顺手带入厨房。谢席后，可另选地方就座，无须再回原位。

　　畲族送客有个讲究：即长辈送客到门口，同辈送客到村口，至亲相送大路口。并且，"男人送客三句话，女人送客满田坝"。男性与女性送客，差异也大。畲族男性待客的热情，似乎都在酒席上了，此际送客，就相对沉闷。常说的话，大抵是"再住一晚吧"，"真的要走啊？""那么慢走喽，有空常来耍"；女性送客，手拉手，肩并肩，总有这么多的话要说，总有这么多的不舍要诉。很多时候，并不喁喁而谈，而是张扬恣肆，铺排一路歌笑。

　　畲族送客，以家庭为单位的，多为话别；以家族为单位的，则多为歌别。话别参与的人少，规模小，影响也小；歌别多为酒宴的后续，参与的人多，氛围好，动静大。

畲家院落

● 金银等身的童话 ●

　　贵州省麻江县群山环簇，无论生存环境，还是交通运输，都相对落后，但畲族人家却舍得倾尽一家之所有，装扮自己的姑娘。

　　采访中，一畲族老年妇女依然神往当年："（我们）平时不做重活，男人耕耘种田，打猎负重，女人在家做些家务活，煮饭、喂猪、放鸭子、带孩子。除非农忙时节，或者活路很重，我们一般都随身戴着银饰……再忙再累的活，手镯都不会脱下。"说到"坐花园"与婚嫁，老人更是激动："你不知道啊，坐花园的时候，姑娘很讲究呢！人长得美不美没法，那是爹妈给的。但人收拾得齐不齐整，手脚利不利索，歌唱得漂不漂亮，银饰打不打眼睛，那可就不一样了啊。"过去，畲族姑娘居家静美，出门漂亮，出嫁奢华。"我们畲家有个讲究，'宁给姑妈一亩田，不接姑妈回娘家过年。'姑娘外嫁后，日子红火了，娘家也感觉脸上光彩。假如日子难过到要回娘家过年了，娘家就会感觉'扫脸失面'（丢脸）。因此，那时候姑娘出嫁都隆重，亲戚朋友送礼，都是送金送银。新娘一身的金银，抢得去月亮的光华，手腕上连环套到肩膀的镯子，压得手都抬不动呢……"放眼天下嫁女，那时贵州的畲族新娘可以说是世间"最牛"的新人了。

　　女儿是家中的"公主"，在家的时

畲族银饰

　　贵州畲族妇女银饰分为头饰、项饰、衣饰与手饰四类。头饰有额前瓜米吊、梅花吊、银华吊、银米吊与花别针、发髻上另有扁簪、插针、大花、小花、卷花；耳上有巴耳花、鹿耳花、吊垂耳珠、瓜米耳珠、耳块、大众小挂耳等，整个银头饰造型共数十样，构思新颖，工艺细致，惟妙惟肖。项饰有实心项圈、二龙戏珠空心圈、九连环、百家锁等，衣裳坠或挂围腰牌、围腰链与银牙签；手指佩宝珠、梅花、印章、戒指、腕戴空心龙头、空心金鱼嵌珠、实心茅草叶、四方形钻花、三合保命圈手镯等。

　　　　　　——《麻江县志·民族志》

畲族姊妹花

候享尽闲福，出嫁了也不愿她受夫家的气，很有些当年三公主嫁盘瓠时的"皇家气味"。过去广东福建一带畲族嫁女，男家迎门贴有"凤凰来仪"字样，也有口称"公主到"的习俗。但不管公主凤凰也好，形式内容也好，都喻示了畲族女子高于一般的身份地位。

或许就是这个缘故吧，畲家的男子宁愿自己忙碌一生，也不愿亏欠女儿。这种习惯相沿成习，就发展为尽其所能用黄金白银做嫁妆了。主家自不必说了，就是亲戚，也多送镯子银饰。畲族民间传言，过去麻哈州养鹅王土司嫁女，一身珠光宝气光照日月，抢了姑娘的花容不说，压得女儿举步维艰，差点儿连门槛都跨不出去。当然了，土司嫁女，不可能"仅此而已"，但却也不能免俗，可见过去畲族姑娘满身金银出门是多么普遍。在畲族的口碑里，这些陪嫁首饰叫"姑娘钱"，今后无论她到哪里，这些钱物便落向哪里，终生不会改变。

银饰一旦交与姑娘，就是她的私物，可由她自由支配。在一些特别的时候，银饰还可派上一些特别的用场。一是交换手镯"打姨娘"，二是悄悄给有情人做信物。

在贵州黔东南、黔南畲族聚居区，男子意趣相合结拜兄弟，称为"打伙计"；女子情投意合结拜姊妹，叫做"打姨娘"。"打伙计"要喝生鸡血酒跪告祖宗，邀七兄八弟热闹见证，与汉俗无大的不同；但姑娘"打姨娘"就不一样，交换一只手镯就成，不用像男子一样兴师动众。

你可能一直未能体验如此情景：在安静的花园中相识，在熙熙攘攘的歌场中相知，经过日升月落磨合，被昼夜思念纠缠以后，某个歌

畲童银耳帽

藏在颈后的富贵

场的某棵树下，你的面前，一个一身璎珞的女子，于羞羞答答的扭捏中，玉腕轻抬，褪一只温热的镯子，轻轻塞入你的手中……或许，你会毫不犹豫，将她拥入怀里；或者，面红耳赤，心狂跳，眼发直，高兴得无以言表。眼见姑娘含羞带嗔，绕树穿林，轻盈地离去时，你想喊，喉无声；你想追，腿乏力。对小伙而言，定情之物到手，就得赶紧请媒纳礼。过去彩礼要牵一头牛，几度汉化以后，改用银钱。女方家允亲之后，男方家还有个特别

银制腰饰

的议程，即由小伙亲自向女方家敬呈"五色谢礼"。五色谢礼是哪五样？是农村居家必备的"酒、肉、糖、茶、油"。小伙亲自送的目的，是女方家要他亲口给出一份允诺：在此后的日子中，保证姑娘衣食无忧。有了此前浓浓的情意，又经小伙千金一诺，这婚姻也就"穿钉鞋拄拐杖"——稳上加稳了。

　　尽管畲族对女孩如此关爱呵护，但畲族女子仍然能吃苦，有骨气，敢担待。尤其在选择爱侣方面，更不只看银钱不问人。"人是万物主"，她们的头脑非常清醒："嫁对了人，什么都会有；嫁错了人，什么也会无。"原麻哈州拔毛堡属地丝栗坳一带，有一个流传甚广的故事：一女子不嫁富而嫁贫，丈夫不愿让她劳累，让她看门守家，自己去给财主打长工。他想用自己的苦挣苦扒，为家打出一个天地。干了几年，财主想赖账，便拿一处叫"九十九块田"的地方抵了工钱。女人听说老公苦干三年换回"九十九块田"，非常高兴。又逢春季插秧，女子无论如何，也要亲自去种一种自己的地。谁知到了一看，分明只一小拢，心里便很憋气，一一数时，横竖都只有九十八块。女子觉得丈夫上当受骗了，气得要哭。丈夫提起她放在地下的"斗笠"，说"喏，这不是？"原来斗笠下还压着第九十九块田。

　　后来，聪明的女人发现"九十九块田"虽然不宽，但周围的荒山

金银等身

却很广，没被更好地利用，于是又动员丈夫回财主家做工三年，换回了一大片看似无用的"荒山"，夫妇俩在这荒山上种上了油桐。此后，这家人的桐籽、桐油经下司水码头下洪江赚了大钱。他们利用油桐制作的"灰拔豆腐"又行销周边村寨，最终成了富甲一方的大户。今天，你若到麻江县龙山乡复兴村一带，问"九十九块田"的故事，没有不知道的。这就应验了贵州畲族流传的一句俗话："钱在高岩，不苦不来。"

戴银项圈的妇女

● 成婚，哭嫁与坐家 ●

贵州畲族的婚嫁一直延续"四不"的传统：一是"同姓不婚"；二是不与外族通婚；三是新娘婚后一年不落夫家；四是已婚妇女再嫁，不得出正门。

据说，畲族自迁居到贵州后，为避免古歌《下龙潭》中"来时像鸡群，来时像谷穗。姑娘小伙们不听话，姑娘小伙们腿缠腿；姑娘小伙们不听话，姑娘小伙们身贴身"的情景再现，制定了"同姓不婚"这一祖训。所谓"同姓不婚"，意思是不仅"同宗同姓"的人不许通婚，就是"同宗而异姓"的人，也不许通婚。这是畲族婚姻中的一条"高压线"，谁也不敢违逆。

同宗同姓好理解，但同宗异姓，却可能会让人狐疑或误会。但你如果稍稍了解一些畲族的历史，自然就会明白，其中的根源在于历史上的屡次迁徙。一次迁徙一次混乱，多次迁徙之后，亲族姓氏都乱了。当社会略微稳定后，人们才又履踪循迹，四处查找家族的"大部队"。而这时候，由于各种原因，姓氏都已定型，改动极不容易，于是尊重既成，保留不同，表面各姓各，其实是一家，大家都心中明白，按下不提。如黔东南州麻江县隆昌村青冈林组的杨姓与碧波乡五寨村的郭姓，杏山镇青山村的吴姓与瓮榜朗村的王姓，据说都有同宗关系。

依照"异姓同宗不婚"的规矩，当然不许开亲。但有一种情况却例外，那就是虽然同姓，并不同宗，除"还娘头"外，可以自由婚姻，不受限制。

还娘头

还娘头：亦称"还种""还姑娘"。苗族、畲族婚俗，盛行于贵州黔东南苗区。舅家优先娶姑家女儿为媳。如舅家无子，外甥女外嫁，必须征得舅父同意，并且要给舅父送"外甥钱"，或称"还娘钱"。苗族、畲族一般实行异姓通婚，姑舅子女优先通婚，但姨表兄妹不通婚。姐妹的丈夫以兄弟相称，他们的子女以兄弟姐妹相称。

至于为何"不与外族婚"，这里面，应该有历史的原因，也有客观的原因。推究这些原因时发现，这种选择的后面，既隐藏着畲族的对外戒惧，也隐藏有外族曾经对畲族的排异拒斥。而客观的情况，则是族别意识、族别心理以及不同族别的语言系统和认知价值的差距。

如果以上风俗都能从历史或现实中找到出处的话，那么畲族女孩婚后一年"不落夫家"的习俗，虽人类文化学或民俗学可给出答案，就贵州畲族本身而言，却是不问而执行的。这种情况，畲族有，苗族瑶族有，连稍远些的侗族壮族，也都有。姑娘新嫁即返娘家长住，短则一两年，长则七八年，直至怀孕生子为人母，不方便外出交往了，这才落居夫家。长住娘家期间，仍然是娘家的家庭成员，与父兄一起劳动，与异性自由交往，彼此不能干涉。清光绪《平越直隶州志》载："媒以牲醴迎新妇，新妇便往婿家，径往爨所，拭釜甑，汲水盈瓮，乃返。婿遂数往妇家，潜伏，伺新妇出……""西苗，在平越（福泉）、清平（凯里）所属……娶妇分床异寝，必私通孕育后，乃同室。"由此可见，在古代黔东南、黔南的少数民族中，新嫁娘只是象征性地去一下夫家，洗锅刷灶、挑水满缸即回娘家，连新房也未必进过。有那不回娘家的，却分床异寝，好像不经过"偷"的环节，过程就不会结束似的。

　　婚姻的一头连着歌场，另一头连着洞房，自当快乐高兴。但若是

畲族姑娘

正常的请媒论嫁，临出门前新娘都要痛哭，叫"哭嫁"。在贵州，不只畲族，很多少数民族都有哭嫁的风俗。可以说，她们出嫁时满心憧憬，哭嫁时也真情实意，真是喜也由衷，愁也由衷。

　　"哭嫁"就西南少数民族而言，是一种古老而普遍的婚俗。早在宋代，周去非在其《岭外代答》中就有记载：哭嫁时，"新人盛席庙坐，女伴亦盛锦夹辅之，迭相唱和，含情凄婉……"其实，新娘哭嫁哭的不是自己，却是别人：哭爷娘，白养女儿白操心；哭兄弟，情深义厚还分离；哭姊妹，想要相逢何日见。哭唱哭诉的目的，是要将自己的歉意告知他们：爷娘把自己养大了，亲恩似海，自己分毫未报；兄妹情深，自己不忍离去。自己为了幸福，管不了爹妈，也不管兄弟，顾不上姊妹……畲族哭嫁，一般都在离家的当晚，地点就选在女孩的闺房，周围有一起玩大的姊妹陪伴。情景一如周去非的描述，众女伴环坐，新娘居中，垂首"庙坐"。所谓庙坐，即低眉垂首，神情悲伤落寞。歌是哭的先导，一般由女伴起唱，回忆玩乐时的美好，叙述分别时的不舍，讲述今后再见的艰难。随后，女伴又唱感恩歌，感念母亲十月怀胎的不易；感念父亲年年苦挣苦扒的艰辛……新娘这时再也压抑不住，哭歌夹唱夹叙，时而号啕时而低回，曲调宛转，情真意切，叫人肝肠寸断，直哭到在场的人都感同身受，由号啕一片，到气断声吞了，家中的姊妹，房族的姑姨婶娘，才一边唏嘘抹泪，一边劝告抚慰，等她们的情绪慢慢回复些了，才又悄悄退出。然后又叙话，再歌唱，新娘一开声，大家又都停下来，静静地聆听，低低地啜泣。

　　且看哭爹哭娘的歌谣："妈妈啊，您十月怀胎苦中苦，您熬更守夜累更累；您把女儿一手一脚拉扯大，您把女儿衔在口里养成人；为了女儿，你多走了几多盘山路；为了女儿，您多趟了几多冷水河。把我养大我走了，就好比做了蜂巢蜂搬家；把我养大我走了，就好比燕窝筑好燕离屋。妈妈啊，您是白做蜂巢空欢喜，您是枉筑燕窝白劳碌啊！"妈妈听了也哭，进来边哭边唱："女儿啊，我的姑娘我的心肝，妈把实情讲你听。我女本是菜籽命哪，撒到哪里哪里生。撒到土中土里长，撒到田头田里生。女儿啊，铜盆装水清又清，你十分性情还要改九分。要做长江大河滔滔水，要得饶人处且饶人。要做君子怀中坦荡荡，要学宰相宽在肚里把船撑。堂上二老要多孝敬，枕边恩爱要多殷勤。你要千耐烦还万耐烦啊，你要千操心还万操心。今天娘要告诉你啊女儿，成家如同针挑土，挣业恰似沙淘金……"当新娘把父母兄弟、好友姊妹挨个唱遍后，最后"迁怒"于媒人，谴责媒人贪图男家的钱物，说动了父母，自己才被嫁出去。

杨鹓国教授在《麻江隆昌东家风俗介绍》一文中说，在麻江县畲族聚居区六堡一带，新娘临出门的当夜，还有一个舒缓的环节："好伙伴各凑一碗糯米与一碗黄豆，到新娘家煮熟'打平伙'，同新娘讲私房话，叙离别情，称之为'吃姨妈'。"天刚蒙蒙亮即"发亲"，由娘家兄弟牵着姑娘的手，跨过大门槛，走出院门。拉丫婆（男家请的接亲人）上前搀扶，递上红纸伞，新娘便持伞随行。新娘出门后，女家即以高粱扫帚连刷桌子两下，一扫出，二扫进。意为嫁出去的姑娘泼出去的水，一扫"口嘴"出门，二扫金银归屋、子孙进家。

因为不嫁外族，不娶外人，同时贵州畲族基本都聚群而居，多为一村一姓，或几村一姓，所以新娘出嫁时，都不乘车，不坐轿。只是在过河过桥时，须接亲的人背负。男方家请的接亲人中，

"哭"着上路的新娘

来到夫家大门前

关键人物是二男二女，男的称"接亲公"，女的叫"拉丫婆"，都是地方上公认命好福厚的人。能被主家请为接亲人，必具备如下条件：一次成婚，夫妻和谐；多子多福，父母双全；山歌里手，高低不惧。去接亲的人虽然不多，却都是精兵，足够应付女方家的所有考验。接亲时的礼信，须有公鸡、母鸡各一只，酒一瓶，糖一封，红纸伞一把，马灯两盏，红蛋若干，彩礼若干。到了女方家门前，要用接亲歌叩开女方家设的拦门酒，交割议定的彩礼、礼品等后，接亲的男性就又面临了新一轮的考验：讨要红蛋。女方家的姨婶伯妈们，成群结队"找"接亲客要红蛋，接亲客们照例说"没有"，还假装翻口袋掏裤兜让她们看。"什么？堂堂的公鸡，竟然下不了红蛋？我就不信！"女人们不仅不恼，反而一脸坏笑，更是兴奋。对她们来说，人生之路已走了一半，还有什么事没经过，什么场合没见过？于是眼睛一挤，七手八脚，大伙齐上，作弄起接亲公来。

次日发亲，接亲公提灯，拉丫婆伴行，快慢由新娘子的行进速度决定。一般来说，路上忌讳遇见红白喜事，若遇同样的情景，一是绕路错开，绕不开就互换信物"打姨妈"，两个本来素不相识的人，从此姊妹般走动。到男方家后，右脚跨入门槛，左脚跟进，直入洞房，

背姐出门

不拜堂，当夜也不同房。飨客之后，也闹洞房，众人虽起哄，内容却不下作，就挤在新房之内唱"荷包歌"而已。每一首唱完，新娘便拿出荷包相赠。相比北方的"听房"，显得有趣而文明。

　　婚后十三天，女方家要把姑娘接回，叫做"回门"。这时，男方家除留女方的三件衣服"守家"外，其余的衣笼帐被，都要全部交给女家带回。直到来年二月二，男方家父母或姊妹带酒一瓶，糖一封，猪肉一块前往女方家，俗称"喊媳妇"。女方家这才又"打发"鸡一只，粮食或蔬菜种子之类，让姑娘携回婆家，寓意"落地生根"。在夫家小住三天后，女子仍然回娘家居住。直到孕育生子了，女子才在夫家长住下来，俗称"坐家"。直到这时，女方才正式成为男方家的人，女方的父母也才将姑娘的生辰八字正式开与男方。至此，女方正式告别了自己的"姑娘时代"。不管之前还有多少牵绊，此时都一律撇清了，一心一意，自此在夫家长住下来。

引领新人前行的"拉丫婆"

● 狂欢在亡灵前的舞蹈 ●

　　贵州畲族的葬礼上，有一个很特别的环节，即唱畲歌跳畲舞。

　　他们所跳的畲舞，名叫"姑梦"；唱畲歌时舂击的粑槽，畲语叫做"揽酱"，俗称"打浪槽"。"姑梦""揽酱"是畲族葬礼上的专用仪式，时间在晚夜家祭之后，次日凌晨起灵、出殡之前，伴随"开东家路"同步进行。

　　准确说来，无论"姑梦"，还是"揽酱"，都是畲族"开东家路"的重要组成部分。届时，鬼师领七人在室内开东家路，其余的人聚在灵堂前的晒坝上，将粑槽反扑，一人以鼓起引，三位膀粗腰圆的大汉，各手执舂杵，三方站定呈三角形，按鼓点提示，嘭嗒嗒、嘭嘭嗒，不断变换节奏，移形换位，下杵上击，尽力舂击粑槽，不惜力气，以最终舂破粑槽为吉。舂粑槽时，杵头下击，"嘭嘭"之声浑厚沉郁；回提时轻舒猿臂，杵头后斜，使杵尾在空中交错互击，"嗒嗒"之声清浅干脆，与下击形成呼应，刚柔兼具，顾盼有情。

　　"姑梦"打浪槽的时候，祭灵的各项程序已基本完成，但尚未"起灵"离屋。所以亡人的棺材依然停放于丧家的中堂。此刻，神龛上的烛火依然通明，棺材前的香烛依然缭绕，棺材下的"地龙灯"依然长明。

● ·······························
简化了的"开东家路"

此时冲杵高举，万众瞩目，大家的兴奋点被移到了灵前门外的晒坝。但见手执舂杵的男儿，沉腰矬腿之间，嘭嘭之声暴起；展腰扬手之际，嗒嗒之声清越。当鼓声与舂击粑槽声融为一体的时候，在场的宾朋都沸腾了，男人群相呼和，女人跃跃欲试，姑娘媳妇们踩着鼓点、踏着节奏，在乒乒乓乓的旋律中冉冉而起，摆腰回首，甩胯踢足，婀娜多姿的身影舞起来了，娇俏和暖的面容舒展开来。而旁观的男女，仿佛也都神魔附体了似的，不计辈分，不管亲疏，一体扬声呼喝，热热闹闹，既为舂粑槽的汉子们加油，也为跳舞的姑娘媳妇们鼓劲。

这时候，舂粑槽是卖力的，跳舞是投入的，喝彩是真诚的，孝家的参与，更是倾力的。外来的人看了就不明白：慈亲的灵柩还摆在堂上，这些人怎么就如此"迫不及待"啊？

他们不知道，贵州畲族灵前的"姑梦""打浪槽"，本来就是祭灵的一个重要组成内容，比普通的祭奠具有更高更广的人文关怀。畲族灵前舂粑槽，相当于中国古代的"十里相送"，是生者为死者送别的欢乐仪式，与别族无关，与欢乐无关，却与历史有关，与严肃有关。贵州畲族坚信，此刻，亡魂已领了鬼师的法旨，探明回归祖居的路线，正站在远行的路口，向亲人们频频挥手，准备启程……而他的身旁，会一路带着家人、亲族、寨邻们赠与他的鼓励与欢乐。有了这些热闹的场景，这孤身行进的亡魂将不会

畲族粑槽舞

葬礼上的"送猪"

迷茫，也不再惧怕。

由此你知道，"姑梦""揽酱"作为贵州畲族专用于丧葬的一种仪式，亦如长歌当哭，是一种寓欢乐于庄重，形滑稽于典雅的祭仪，不仅有其遥远的依据，也有其合理的来历。寄这种祖源仪式的来处，就是畲族始祖盘瓠的葬仪。广东畲族民间流传的《重建盘瓠祠铁书》载："（盘瓠）殡后，长腰木鼓，长笛短吹，男女连声歌唱，窈窕跳踢舞……"作为盘瓠的后人，尤其作为一个对远祖常怀感激之心的民族，如果还聚居在一起，如果还没化为他族的话，是没有理由不承袭的。而贵州畲族在承袭中又增加了一些新意：沿袭"姑梦"，欢歌舞蹈入葬仪，借助"打浪槽"，帮助新鬼返回盘瓠身边。如此重亲孝祖，似此孝传孝行，这世上，真不多见。

为亡灵开路时，用畲语逆数来时的路径，引导亡魂亦步亦趋，步步靠近。其中有两个因素很关键，一是开路必用东家话（亦即畲语）；二是必用东家古女装的上装一件。理由是，畲族的先祖只懂得畲语，只认识畲服。据此推断，畲语应是"交际语"，而畲族女古装，应该就算"信物凭证"了。然而，随着社会的发展与进步，畲族的祖先们似乎也懂得了与时俱进，如今一些地方的"开路"，可开"东家路"，也可开"客家路"了。当然，开客家路时，祖先们肯定也学会了汉语，也就用不着畲族女装作凭证了。畲族的祖宗所住的地方既不是西方极乐净土，也不是什么天堂，但进入了祖宗的居地，对畲族而言，于生也有望，而于死也安心了。

● ……………………
葬仪上的"喊饭"

同是丧葬的仪式，不同的民族有不同的表达。为此，同样的内容，在他族为决绝，在畲族却是依恋。引导亡魂返祖地的《开路经》，也就宛如《林海雪原》中"小炉匠"手里的联络图，缺任何一环节，都将断掉下线。这就是不同民族对阴阳、对人鬼、对过往的不同态度。传统文化认为人有三魂七魄，他族并无分属，畲族却有专指。畲族认为生者有七魄，死人有三魂。人死以后，一魂守坟土，一魂上香火进祖鼓，一魂长途跋涉回祖先之地。畲族为亡魂开路时要用七人，就暗寓以生者的七魄，送死者之三魂，这就显得有情有义，温暖感人。

在畲族的祖源传说中，畲族的迁徙历程，是异常辛苦艰难的。群众一路呼喝，相互壮胆鼓劲，这才穿越了高山大川，赶跑了山魈野兽。现在亡魂要独自回归，那些凶险之地，又是必经的路途，于是生者担心亡灵害怕迟疑，担心孤魂为野鬼吞噬，所以专门安排男的"打浪槽"（舂击粑槽）女的"姑梦"（舞蹈），男人拼死猛撞粑槽，造出山鸣谷应的响动；女人们伸腰扭臀舞蹈，力求美妙婀娜。旁边的人群起围观，也要尽力欢呼闹笑，不拘形式，也不分老幼，只求声势浩大，气氛热闹。这样做只有一个目的：极力模仿来时的气势，为亡魂壮胆，吓走猛兽恶灵。这样一来，生者欢乐，死者安心，完成了生与死的衔接。

家祭后诀别

YOUXI
游戏
亦有味
YIYOUWEI

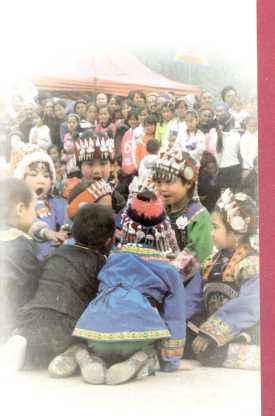

朵妹与"放七姑娘"

相传，每年农历七、八、九月，是"七仙女"下凡的日子。

七仙女中的老四，不只是天上的神仙，还是畲族的歌仙。在贵州省的黔东南地区，苗语称她为"嘎闹娜"，畲语称她为"朵妹"。"朵"，汉译为"四"，即四妹。据说畲族所有的歌谣，都是朵妹传授的，畲族"坐花园"的习俗，也与她有一定的关系。为此，每年入秋以后，贵州畲族都要"放七姑娘"，派畲族自己的姊妹，亲自去天上邀她下凡，与她对歌，同她相见。

这个"七姑娘"专指"七仙女"中的四妹。在畲族的民间传说里，她貌美歌甜，温婉和善，是贵州畲族歌师们的祖师爷。每当中秋月明，"一轮新影转清波，飞镜又重磨"时，贵州黔南、黔东南的畲族村落，都习惯选一个不善歌舞的姑娘，在歌师的导引下，"神游"十二花园，与

"朵妹"合体，勾连天上人间，阴阳两界，与在场的姑娘小伙们歌舞对唱。

　　为什么专选"七月半"后，重阳之前"放七姑娘"娱己娱神？民间传说，从每年的农历七月初开始，被关锁在地狱中的孤魂野鬼都会成群结队到人间来"打食"。但七月十四子夜时，地狱之门将重新关闭，而出来游弋的鬼魂，都要赶在这之前回去，否则就会受到责罚。此时，孤魂野鬼们享受了人间的盛宴，个个钱包满满，肚子饱饱，心满意足，再没兴趣在人间晃荡了，娱神的路途才相对清静。"放七姑娘"，一因秋高气爽，二是"路途"宁静，这时候放"生魂"上路，人们这才放心。

　　"放七姑娘"的时候，须要备足前戏。首先要选准人。扮作"七姑娘"的人，未必貌美如花，但必须人品端正，心地善良。最重要的是，本人必须愿意。身世凄凉的人（如父母缺失），一般都不会被选上。这样选择的理由也充分：如缺父失母，她的灵魂在去"花园"的路上，与亲人相聚了，就可能会出现意外。二是"放七姑娘"的歌师同时还必须是巫师。只有这样的人，才能准确引导"七姑娘"升天入地，保证放得出去，也收得回来。三要邀集几个能唱的人，以便到时与"七姑娘"对唱。四是排除禁忌事项，避免"七姑娘"生气。

美丽的畲族姑娘

五是要准备好必要的器具，如土香、纸钱、花衣服、蒙面黑巾、米斗、清水、簸箕等。

诸事备齐了，就只等月亮升上来了。扮"七姑娘"的人、"放七姑娘"的歌师，都来到指定位置。月亮出来了，当庭摆一张方桌，桌上放一升白米，还要准备一根长凳，那是"七姑娘"去"阴间"的"坐骑"。巫师燃香烧纸，用黑帕蒙住"七姑娘"的眼睛，同时坐到旁边的一根长凳上，也用黑头巾蒙住自己的脸。然后双手对叉，两个拇指合在一处，不停翻动，口中念念有词。不一会儿，"七姑娘"的身体开始抖动，此刻须一边念词，一边向"七姑娘"猛喷一口净水，旁边的人提起簸箕，朝"七姑娘"扇动送风。随着簸箕的节奏，人们边扇边念："正月正，落坎灯，做骡马，做龙灯，不是钢，不是铁，慢慢请你七仙女。张家请你张家有，李家请你李家来。骑马来，渡船来，来和我们坐一排。"直念到"七姑娘"抖动的幅度变大了，巫师才又变成歌师，转念为唱："四妹要来快快来，莫到阴山背后挨；阴山背后雪雨大，打湿四妹绣花鞋……"

在歌师的吟唱下，"七姑娘"由慢到快，也开始唱起歌来了。她用歌讲述她的行程，交代她的见闻，时而欢快，时而沉郁，时而轻笑，时而啜泣。据歌师说，这个时候，正是她经由"鬼路"去往"天堂花园"的路上，沿途所见，也从熟悉到陌生，其歌中所报的地名，就体现了她由近到远，从熟悉到陌生的过程：她开始时说的地名，大家都知道，再往后，就不知所云了。灵魂都必经的"鬼路"，路上会遇到一些稀奇古怪的事情，也会遇到已经死去，但自己熟悉的人。巫师说，有一次"放七姑娘"时，不知道那姑娘的母亲已经去世了，她看到母亲穿着破衣烂裳走在路上，

麻江六堡风光

心中悲苦，边哭边唱，还把自己的衣服脱下给母亲穿。但表现出来的形式，却是把自己的衣服脱下、揉卷、撕烂，吓得现场的观众手足无措。后来在歌师的劝导下，她才与母亲的亡灵告别，启程上路，看见了"天堂花园"的美景，遇到了歌仙"朵妹"，才又重新欢乐起来。

看过民间"放七姑娘"的人都知道，当她歌声婉转，曲调低沉，词情凄凉的时候，便是她看到了阴间苦境，亲人受难的时候。这时候，歌师得赶紧调换歌头，把她引到通向"天堂花园"的路上来，以免她越陷越深，不能自拔。"走过这段鬼路"，"七姑娘"很快就来到"天堂花园"的门前了。这时，歌师要及时把钥匙交到她的右手，将花帕子交到她的左手，引导她唱"十二道花园歌"，教导她用歌声，一重重打开花园之门。

七仙女中的四姐"朵妹"为何偏顾畲家呢？里面也有个故事。相传，麻江县六堡畲族聚居区群雁坡至"杀垮"一带，原是一个斜长的大湖。那里群山环绕，山明水秀，人迹罕至。每到秋日霞光起时，天上的七仙女就变成白天鹅到这里洗澡。畲族不认识天鹅，将其称为"大雁"。仙女变成天鹅的事，被一个名叫阿贵的畲族小伙知道了，于是他趁七仙女洗澡的时候，偷了其中的一件羽衣。然后故意乱喊乱跳，天鹅们吓得赶紧起飞。起飞时大姐清点人数，发现四妹没上来，便让大家看一看。原来阿贵偷的这件衣服正是四妹的。四妹没了羽衣，又被阿贵苦苦挽留，只好留下来。姐妹们去既不忍，回又不能，又不愿丢下四妹，便相约把自己变为群山在这里陪她。大姐怨怪鲁莽的阿贵，临走轻踢一脚，把湖东的坝坎踢掉，使湖水外泄，露出了今天群雁坡下深深的沟槽。此后，四妹边劳动边教畲族姐妹歌唱，深得畲族喜爱，被称为"朵妹"。直到现在，畲族劳动时，依然保持边干活边唱歌的习惯。

然而梁园虽好，终非久留之地，时间越长，朵妹越思念姐妹们。一天趁阿贵出门，朵妹找到了自己的羽衣，悄悄上天，去会会姐妹。不想上天后被王母扣住，再也下不来了。阿贵回来不见朵妹，不见羽衣，心中知道了是怎么回事。每每劳作之后，回家见空锅冷灶，阿贵便不能控制自己的悲伤。自是整日整夜，以歌相诉。朵妹深为懊悔，也深受感动，便把相见的方法告诉了阿贵。于是一人一仙，便在半梦半醒之间虚拟相会。自此便在偏远的贵州畲乡，传下了这种"放七姑娘"勾连阴阳的方法。

神秘的 "腰箩神"

畲族腰箩

在畲族的日常生活中，有一种很特别的活动，名叫放"腰箩神"。

腰箩，由青篾编竹而成，系贵州畲族随身携带的一种敞口竹器。其形收颈、放口，大腹，主要与网匹配，用于盛鱼，也可作他用。可悬挂于腰间，便于撒网者边捕边存；可置于水中，钓鱼者随钓随存。尤其水稻扬花，稻田晒水时，带入稻田抓鱼，通风沥水，极为方便。用它盛鱼置水中，鱼儿不死；用它盛饭挂树上，饭也不易变馊。

畲族认为万物有灵，故人们在使用物或在自然中劳作时，对身边的事物都抱着很恭敬的态度。在他们的世界中，路有"路神"，山上的茅草有"草神"，厨房的土灶有"灶神"，煮饭用的甑子有"甑神"，制酸的陶器有"坛神"，就是板凳门槛，也有"板凳门槛神"。逢年过节祭祖宗时，别的神太多管不了，但这几位神祇需要和祖宗一起敬，他们是：土地神、仓廪五谷神、圈神、门神与灶神。为此，日常的生活中也有许多禁忌，如煮饭刷锅、刷洗甑子与洗筲箕时，只能顺着刷洗，不能拍打，以免得罪"甑神"与"筲箕神"。然而，在贵州畲族的煌煌众神中，却只有"腰箩神"能平易近人地放低身段，与人耳鬓厮磨，同人一起娱乐。

因为腰箩携带方便用处广泛，所以贵州畲族对"腰箩神"，也就产生了很亲近的感情，他们与腰箩同进同出，也与它贴肺贴心，关系亲密。每年农历七月稻花开后，稻谷归仓前，人们一旦有闲，就会聚在一起胡吹海聊。吹和聊只是前奏，放"腰箩神"才是正题，大家的目的是让"腰箩神"讲些未知世界的神秘事情，或者指点些生活中的疑难……

腰箩既然是神，那么不论大小，都不能失了礼数，这个很重要。所谓"生的各是各，熟的大伙吃"，畲族向来讲究"玩笑归玩笑，礼数要周全"，所以这请神的程序，必须要正规。请"腰箩神"时，要选一处安静的院坝，将道具找齐，选好"通师"与卫侍"腰箩神"的人。这时众人面对神位，围成一个扇形，静静地等候"腰箩神"的到来。神位前面，坐着"腰箩神"在人间的替身与"通师"，请神的巫师却站着。此刻，腰箩被一条对折的长纱巾勒紧了脖颈，两个小伙一人一头拉着，腰箩被悬吊在半空，请神人燃一炷香，化三张纸钱，将香环腰箩绕三圈，边摇边念请神诀："跳啊跳啊跳啊，腰箩神跳跳地啊。我们请你蹦蹦跳跳地下凡来，请你蹦蹦跳跳的腰箩神到人间去，请你一跳一跳地从天上下来，欢迎你蹦蹦跳跳来到我们的中间。跳啊跳啊跳啊，腰箩神，你从田坎水田中跳上来，你从河流沟渠里跳出来，你跳到大人的背后也跳到小孩的面前。蹦啊蹦啊蹦啊，腰箩神，**请你**和我们一起跳，请你和我们一起乐，我们大家看到你就很欢喜。"

一遍后，请神人又环腰箩绕三圈，接着念，直到悬在半空的腰箩，由微动变为有节奏的上下振动，"腰箩神"才能算作被请到了。而此刻坐在一旁，头覆衣物，双手放在膝盖上的"替身"也开始了有节奏的抖动。于是，整合阴阳，虚实兼有的一种诡异场面出现了：现实中代表人的"通司"，开始与"阴"的代言人——"替身"对话，并引导他告知自己一直想知道，但却一直不知道的很多事情。可以寻医问药，可以寻找丢失了的物件，可以问运程，也可以问亡故者在"阴间"的境遇……虽然谁都可以问，但却只能一个个来，不能一窝蜂地上。并且这一切都是公开的，大家参与，大家都知道，没有秘密。众人当中有相信的，有怀疑的，也有不信的，虽然大家的态度不一样，但当面都不会说不恭敬的话。

请神

● 斗地牯牛乐，还童趣本真 ●

地牯牛

　　学名蚁狮，属脉翅目，蚁蛉科，成虫与幼虫皆为肉食性，以其他昆虫为食，幼虫生活于干燥的地表下，在沙质土中造成漏斗状陷阱。在干燥的墙角沙土中，常常见到一个个小小的圆锥形的窝，这就是它布的阵，一旦有蚂蚁或小虫落入窝中，很难一下子爬出，地牯牛便用它的大颚把沙往上弹，把蚂蚁打下来，然后拖入沙中吃掉。它把吸管插入蚂蚁体内，吸成空壳，然后抛出。它是倒退着走的，要从它的窝中刨它出来很难。

　　在畲族的诸多游戏中，有两项与地牯牛有关。

　　一种是孩子的游戏，即寻找和斗地牯牛；一种是成人的游戏，即由人扮成地牯牛相斗。

　　找地牯牛与斗地牯牛，都是低龄幼儿常玩不倦的游戏。欲"斗牛"先找"牛"，由于地牯牛深藏沙窝中，又移动迅速，极难捉取，所以孩子们在玩乐时，还需辅以童谣。过程是：三两个孩子一起，比试谁找的地牯牛多。要找地牯牛，必先寻到沙窝阵。找到沙窝阵后，取一支细尖蒿秆，屏声静气，轻轻拨去沙窝外围的浮沙，将蒿秆探入，一边顺窝搜寻，一边轻念童谣："地牯牛，地牯牛，你在家没在？有人偷你的青冈柴咧。"蒿秆反复拨动，歌诀反复地念诵，不一会就能找到它：小小的模样，活像一只牛虱子。据说地牯牛是极护家的小虫，一听到自己的青冈柴被偷，就会不管不顾地爬出来探查。

　　被抓住的地牯牛一般都被孩子们装在一只破碗内。如果把它放在掌心，它不停地爬动，掌心会痒得难受，并且只要不慎让它掉落到泥沙上，它转眼就会钻入地下，再难找到，所以孩子们都很小心。抓到的地牯牛如果膀粗腰圆，便最合孩子们的心意。游戏开始，孩子们先各取一只"倒斗"。"斗牛场"可以是一根板凳，

斗地牯牛

也可以是一张小桌。斗的时候要先看准它后退的路线，再沿路线预置，这两个自以为是的蠢家伙自以为退开了，却不料恰好顶个正着。

这样的斗地牯牛并不激烈，当然无法满足孩子们拼争的愿望。虫斗之不足，人便赤膊来斗；倒斗之不足，人就顺斗。参斗的级别，分成年组、青年组、少年组与童年组。青年组以上讲秩序，有裁判，还要请"地牯牛神"；少儿组则不那么讲究，只要有趣有闲，随时双手撑地，伸头便斗，投降或被撬翻的一方，即为输家，不服又斗，不用裁判。一般来说，成年组、青年组"斗地牯牛"多在秋后农闲时候，以娱乐为目的，无赌注彩头，也不附带其他条件，属于倾尽全力为一乐。但如果在节庆中竞赛，那就难说。因为都是男人，围观者众，难免会有比斗争雄，炫勇耀武的情况出现，导致场面失控，所以约定俗成要请神莅临，设置裁判，预先约定程序，将娱人娱神一体化，避免争议。

请牛神的程序是：请神者手持一炷点燃的土香，态度庄重、神情肃穆绕斗地牯牛的人走一圈，后将土香对着他伏在地上的头，先用汉语念咒："张老保，李老保，上高坡，割牛草。割牛草，喂个饱，喂饱了。吃好了，长壮了，长得好。"稍顿，打一揖，接着又念："张家牛，李家牛，放出来，打一头。打得好，喂把草；打输了，不喂草。打死了，不要了，丢下坡，老虎拖。甩下岩，老虎抬……"汉语念咒毕，又用畲语念，"苏来苏里季，莫来莫祭街。记街摆搅乃，啊里、啊吓——；啊里，啊吓——"译成了汉语，大意是："牛儿啊牛儿，你安着桩子来，你拽着步子来，你瞪着眼睛来，——快点打，快点斗！"

俯首在地的"地牯牛"听到"啊里、啊吓"后，昂头拍手，争斗就开始了。畲族民间斗地牯牛时，仅允许头部接触，用力撬、顶、抵、压，不许使用碰、撞、挑、撇等凶猛、迅疾、容易对人造成伤害的动作。一般情况下，力斗不支的一方，可以主动认输；势均力敌者，则多缠斗不止，直至失去战斗力、被撬翻为止。当然，正式场合玩"斗地牯牛"，也不都一味比拼蛮力，也会采取斗智。斗智中使用的技巧，也只能用"阳谋"，不能用阴谋，避免人们的非议。值得说明的是，这种场合"斗地牯牛"，模仿的并不是"倒退虫"，而更像身形威猛，力大沉稳的大水牛。游戏虽是休闲，却重"角力争胜"，是一种娱己娱人，同时娱神的快乐游戏。

参考书目

1. 牛汝辰. 地名与民族迁徙 [J]. 贵州民族研究，1987.4.

2. 清·瞿鸿锡，霍绪蕃. 光绪平越直隶州志 [M]. 光绪三十三年（刻本），1907.

3. 麻江县史志办. 麻江县志 [M]. 贵阳：贵州人民出版社，1992.

4. 麻江县史志办. 麻江县地名志 [M]. 内部资料，1986.

5. 吴琪拉达，赵华普. 走进阿孟东家人 [M]. 北京：中国文联出版社，2012.

6. 麻江县政协文史委. 麻江县文史资料（1~4）[J]. 内部资料

7. 务川县政协文史委. 丹砂古县的文化记忆 [M]. 内部资料

8. 李平凡，颜勇. 贵州世居民族迁徙史 [M]. 贵阳：贵州人民出版社，2011.

后记

　　贵州山川秀美、气候宜人、资源丰富、人民勤劳，风情多彩，文化灿烂。18个世居民族，和谐相处，共建家园。《贵州世居民族文化书系》正是建立在人类学、民族学、文化学的研究成果基础上，以叙事方式为主，向世人勾勒贵州世居民族文化版图，展示贵州世居民族悠久的历史文化与和而不同的美丽生存，以全新的视角探寻各民族的文化发展轨迹，解读各民族具有鲜明特色的文化事象，诠释各民族充满神奇魅力的新形象。

　　《贵州世居民族文化书系》编委会对书系的宗旨、目标、体例和风格等进行项目论证和定位，负责确定写作大纲，并对书的组织架构、写作要求和作者物色等进行统筹安排。

　　《黔岭山哈嗣·畲族》由贵州省民族研究院进行审读，就政治倾向性和民族、宗教问题进行认真把关。本书图片得到了贵州省摄影家协会、作者以及赵华普、张旭东、夏庆发、吴亚栏、吴映旋、杨邦贤、甘海燕、聂凯华、赵龙才、潘绍寿、吴儒波、吴东俊的大力支持（经多方搜寻，仍有部分图片未能寻到作者，作者见书后请与出版社联系）。

　　在此，对所有为书系做出贡献的人士表示衷心的感谢！因编辑水平所限，书中难免有不尽人意之处，恳请读者批评指正，以便图书再版时予以弥补。

《贵州世居民族文化书系》编委会

2014年6月